Der Weg zum eigenen Haus

Bauen mit Architekten

Neue Einfamilienhäuser

IMPRESSUM

Autoren:
Sachteil: Sven Richter, Bonn
Die Vereinbarung über die Zusammenarbeit:
Der Architekenvertrag: Holger Freitag, Berlin

Idee & Gestaltung: Josef A. Grillmeier, München

Lektorat: Kirsten Rachowiak, München
Schlussredaktion: Andrea Welter, Freising

Redaktion: Andrea Wiegelmann,
Astrid Donnert, Jan Knapp, Christa Schicker
Redaktionsbeirat: Thomas Penningh, Braunschweig

Zeichnungen: Daniel Hajduk,
Martin Hemmel, Nicola Kollmann,
Matthias Krupna, Andrea Saiko

© 2007 Institut für internationale Architektur-
Dokumentation GmbH & Co. KG, München
Ein Fachbuch aus der Redaktion DETAIL

ISBN-13: 978-3-920034-17-1

Gedruckt auf säurefreiem Papier, hergestellt aus
chlorfrei gebleichtem Zellstoff.

Druck und Bindung:
Kösel GmbH & Co. KG, Altusried-Krugzell
1. Auflage 2007

Institut für internationale Architektur-
Dokumentation GmbH & Co. KG
Sonnenstraße 17, D-80331 München
Telefon: +49/89/38 16 20-0
Telefax: +49/89/39 86 70
www.detail.de

**VERBAND PRIVATER
BAUHERREN e.V.**

In Zusammenarbeit mit dem
Verband Privater Bauherren e. V.
www.vpb.de

INHALT

VORWORT

Privates Bauen und dabei insbesondere Ein- und Zweifamilienhäuser bestimmen in hohem Maße unsere gebaute Umwelt. Wohngebiete sind schon allein aufgrund ihrer Ausdehnung stadtbildprägend und tragen maßgeblich dazu bei, ob wir uns in unserem Umfeld wohlfühlen oder nicht.

Als Verband Privater Bauherren unterstützen wir alle privaten Bauherren, gleich, ob sie kaufen, bauen oder modernisieren wollen, unabhängig davon, in welcher Vertragskonstellation sie dies tun.
Dabei wollen wir jedoch immer wieder Mut machen – Mut, dass private Bauherren individuelle, qualitätvolle Lösungen verwirklichen können.
Mut, dass sich private Bauherren ihrer ganz persönlichen Verantwortung für das Aussehen unserer gebauten Umwelt stellen. Dafür braucht es qualitätvolle Architektur; dafür braucht es jedoch zu allererst informierte Bauherren, die als Auftraggeber verantwortungsbewusst handeln können.

Das Vorurteil, gute und individuell geplante Qualität sei zu teuer und deshalb könne man sie sich nicht leisten, soll hier an konkreten Beispielen widerlegt werden – qualifizierte Architekten begegnen solchen Vorurteilen mit guten Ideen und effizienter Planung.

Das Buch möchte alle Bauherren dazu anregen, sich neben den häufig mit gleichem finanziellen Aufwand gebauten Standardlösungen auch für die meist deutlich höheren Nutz- und Gestaltungswerte individueller Architektur zu öffnen, die letztlich auch den Wert ihrer Immobilie erhöhen.

Bauherren erhalten mit diesem Buch entscheidende Hinweise, wie sie zur richtigen Zeit die richtigen Fragen stellen, wie sie sich zu Hause ganz in Ruhe auf ihr Bauvorhaben vorbereiten können, kurz, wie sie als mündige Auftraggeber informiert an ihr Bauvorhaben herangehen können.

So gerüstet, können sie kompetent die richtigen Entscheidungen treffen und die geeigneten Partner für Ihr Bauvorhaben finden.

Dabei wünschen wir Ihnen viel Erfolg!
Herzlich
Ihr

Thomas Penningh
Vorstandsvorsitzender
Verband privater Bauherren e.V.

EINLEITUNG

Bauen mit einem Architekten

Der Wunsch nach den eigenen vier Wänden beginnt in der Regel mit der Suche nach brauchbaren Informationen über das Bauen. Das Angebot ist groß. Um sich zurechtzufinden und um die richtigen Schlüsse ziehen zu können, wäre es am besten, man hätte schon einmal gebaut. Da das selten der Fall ist, braucht man als Bauherr einen Partner, mit dem man das Haus planen und bauen kann. Gängige Modelle sind das Bauen mit einem Generalübernehmer, das Bauen mit einem Bauträger oder das Bauen mit einem Architekten. In jedem Fall entsteht ein neues Haus, aber jedes Mal steht ein anderes Prinzip dahinter.

Der Generalübernehmer organisiert die Planung und Durchführung eines Bauvorhabens vollständig, im eigenen Namen und auf eigene Rechnung, aber auf dem Grundstück und nach den Wünschen des Bauherrn. Im Unterschied dazu erwirbt der Bauträger Grundstücke und errichtet auf eigene Rechnung mehrere gleiche Häuser, um diese nach Fertigstellung an Interessenten zu verkaufen. Wichtige Punkte, wie das spätere Aussehen und die Ausstattung stehen in Form einer Baubeschreibung, die Kosten als Festpreis und die Fertigstellung als absehbarer Termin fest. Weil jedoch die Bauleitung in den Händen des Generalübernehmers beziehungsweise Bauträgers liegt, gibt es keine unabhängige Überwachung der Bauqualität. Beim Kauf des schlüsselfertigen Hauses können Baumängel hinter den Ausbauarbeiten verschwunden sein. Es kann im Lauf der Bauphase immer wieder passieren, dass der Bauherr mehr Leistungen bezahlt, als tatsächlich schon erbracht worden sind. Auch die Baubeschreibung kann Anlass zu Streit geben. Denn alle Elemente eines Wohnhauses, für dessen Errichtung bis zu 25 verschiedene Handwerksfirmen (Gewerke) erforderlich sind, können nicht bis ins Detail durch eine maximal ebenso viele Seiten umfassende Baubeschreibung fixiert werden. Spätere Ergänzungen oder Nachträge stellen Abweichungen vom vereinbarten Basismodell dar und sind daher teuer. Diese Nachtragszahlungen kann der Bauherr kaum prüfen, da die Kalkulationen bei Generalübernehmer und Bauträger nicht nach Gewerken aufgeschlüsselt sind. Daher empfehlen Verbraucherschützer dem Bauherrn das Bauen mit dem Generalübernehmer nur dann, wenn er sich einen unabhängigen Berater nimmt, der für ihn die Baubeschreibung und die Rechnungen überprüft. Gleiches gilt auch für den Kauf eines Hauses vom Bauträger.

Schließlich das Architektenhaus: Ist das nicht lediglich etwas für Leute, die sich für Architektur interessieren? Was der Bauherr anderswo an Sicherheiten erhält, ist hier anfangs noch offen: Es gibt im Vorfeld keine anschauliche Baubeschreibung, die darüber Auskunft gibt, wie das Haus aussehen wird. Es gibt keinen Festpreis, sondern nur einen Kostenrahmen und auch die Terminplanung ist noch nicht fixiert. Also: Gestaltung, Preis und Fertigstellung sind offen. Bietet das Architektenhaus denn überhaupt einen Vorteil? Selbstverständlich, denn offen ist ja nicht gleichbedeutend mit unsicher. Und birgt diese Offenheit nicht gleichzeitig eine Chance? Als Bauherr möchte ich mich mit meinem neuen Haus identifizieren: Wenn das Haus keine im Voraus feststehende Standardplanung ist, kann man den Entwurf umso besser an die eigenen Bedürfnisse anpassen. Entwurf, Gestaltung, Bauweise und Material lassen sich frei wählen. Das bietet auch Möglichkeiten, die Kosten zu steuern. Welche Chancen liegen also im Bauen mit dem Architekten? Wie sehen hier Planung und Bauen aus? Wie ist die Zusammenarbeit mit einem Architekten geregelt? Ist dieses Bauen wirklich teurer?

Dieses Buch möchte eine deutliche und lebendige Vorstellung von der Zusammenarbeit mit einem Architekten beim Bau eines Eigenheims geben.

Der Sachteil dieses Buches beschreibt also zuerst, wie das Bauen mit Architekten in der Regel abläuft, welche Möglichkeiten sich bei dieser Form des Bauens für den Bauherrn ergeben und wo die Schwierigkeiten liegen. Allerdings ist die Wirklichkeit des Hausbaus immer vielfältiger als die Beschreibung des Üblichen, jeder Bau hat seine Besonderheiten.

Deshalb folgen im zweiten Teil Beispiele einer gelungenen Zusammenarbeit von Bauherr und Architekt. 25 Projekte werden mit einer kleinen Baudatenübersicht und einer kurzen Beschreibung erläutert. Fotografien, Schnitte und Grundrisse veranschaulichen das jeweilige Haus. Alle Pläne sind im Maßstab 1:250 dargestellt. Die Angaben, vor allem zu den Kosten, sind dabei aufgrund der individuellen Lösungen und der unterschiedlichen Standorte Orientierungshilfen und keine übertragbaren Richtwerte.

Der Leser, ausgerüstet mit dem Wissen aus dem Sachteil, möchte sehr wahrscheinlich den Bauherren und Architekten einige Fragen stellen, er kann das natürlich nicht direkt tun. Also wurden stellvertretend für ihn zwei Fragebögen zu den wichtigsten Themen der Zusammenarbeit entwickelt, einer für Bauherren und einer für Architekten. Die vollständigen Fragen und das Stichwort, dem die Antwort folgt, befinden sich in den Umschlaginnenseiten.

Am Ende des Buchs gibt es schließlich ein Glossar, das die wichtigsten Fachbegriffe, die im Text auftreten, erläutert.

Ziel des Buches ist es, die Vorfreude auf das neue Haus zu wecken, indem das Bauen mit dem Architekten möglichst klar und lebensnah gezeichnet wird. Es wäre schon viel erreicht, wenn es dem angehenden Bauherrn Mut machen würde, sein neues Haus mit einem Architekten zu bauen.

Unser herzlicher Dank gilt dem Verband Privater Bauherren, ohne dessen tatkräftige und fachliche Unterstützung dieses Buch nicht zustande gekommen wäre. Ein großes Dankeschön geht an die Bauherren und Architekten, deren bereitwillige Auskunft das Buch in dieser Form erst möglich machte.

WARUM MIT EINEM ARCHITEKTEN BAUEN

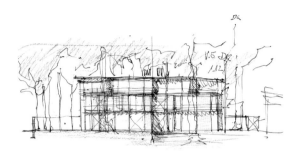

»Wenn das Haus doch nur schon fertig wäre!« – Es gibt wohl kaum einen Bauherrn, dem dieser Stoßseufzer nicht entglitten wäre. Die Fülle an Informationen zum Hausbau und die unabsehbare wirtschaftliche Entwicklung erschweren das Fällen von Entscheidungen. Daher ist es wichtig, sich auf die wirklich entscheidende Aspekte zu konzentrieren. Denn im wesentlichen hat man als Bauherr drei Ansprüche an das Haus, das man bauen möchte: 1. Das Haus sollte zur Familie und ihrer Art zu leben passen. 2. Es sollte gut gebaut sein. Und 3. sollte der Hausbau mit gerade so hohen Investitionen und so viel persönlichem Einsatz verbunden sein, dass er einen Gewinn an Lebensqualität bringt und finanziell zugleich tragbar ist.

1. Ein passendes Haus: Das Haus muss zu den Lebensgewohnheiten des Bauherrn und seiner Familie passen. Es sollte das Refugium sein, an dem er und seine Familie sich wohl fühlen können.

2. Ein gut gebautes Haus: Der Entwurf, der den Bedürfnissen des Bauherrn entspricht, sollte mit hochwertigen Baumaterialien umgesetzt werden. Dabei darf und muss qualitätsbewusstes Bauen nicht zu höheren Baukosten führen.

3. Ein Haus, das Gewinn bringt: Ein Haus bauen bedeutet für viele Bauherren sich einen Traum zu verwirklichen. Gleichzeitig investiert der Bauherr aber auch viel Zeit und Energie in den Bau seines Hauses. Nicht zu vergessen die finanzielle Belastung, die damit verbunden ist. Unter dem Strich sollte die Lebensqualität, die das neue Zuhause bringt, all diese Einschränkungen aufwiegen.

Bevor die Zusammenarbeit mit dem Architekten im Einzelnen beschrieben wird, bietet dieses Kapitel einen ersten Überblick. Die Aufgaben des Architekten und die Möglichkeiten, die sich für den Bauherrn ergeben werden skizziert. Um zu verdeutlichen, welche Vorteile die Zusammenarbeit mit dem Architekten bieten kann und um die Unterschiede gegenüber dem Bauen mit einem Generalübernehmer oder dem Kauf eines Hauses vom Bauträger herauszustellen, sind alle drei Modelle einander gegenübergestellt.

Die Rolle des Architekten

Bevor ein Haus gebaut wird, hat der Bauherr bereits eine Vorstellung davon, wie es auszusehen hat, welche Erfordernisse und Gegebenheiten berücksichtigt werden müssen. Innerhalb dieser Vorgaben entwickelt der Architekt das spätere Haus. Gleichzeitig sammelt er die erforderlichen Informationen:

neben den Wünschen des Bauherrn sind dies die Angaben der Behörden, die Lage des Gebäudes auf dem Grundstück, das Grundstück selbst, die Eigenheiten des Baugrunds und vieles mehr. All diesn Aspekte fließen in seine Überlegungen, seinen Entwurf ein. So wird jedes Haus etwas Eigenständiges, denn jedes Haus ist so unterschiedlich wie die Menschen, die darin leben.

Der Hausbau ist ein komplexer Vorgang: Die Arbeit vieler Beteiligter muss koordiniert, vielerlei Materialien müssen solide kombiniert und auch die Haustechnik muss sinnvoll eingesetzt werden. Gesetzliche Vorgaben sind einzuhalten. Der Architekt unterstützt den Bauherrn bei der Bewältigung dieser Aufgaben. Aber welche Bedingungen sind das nun im Einzelnen und was kann der Architekt jeweils für den Bauherrn tun?

Ein Haus erleben

Wie soll das neue Haus nun aussehen? Eine erste Vorstellung erhält man zum Beispiel, wenn man sich neu gebaute Häuser in der Umgebung anschaut, eine andere Möglichkeit ist es, in Bauzeitschriften oder in Büchern zu stöbern. Auch eine Einladung von Freunden, die ihr neues Heim vorführen, kann helfen, Ideen für das eigenen Haus zu entwickeln. Ein Gespräch mit ihnen ist sehr aufschlussreich. Hier erfährt man, was sich im Alltag bewährt hat. So sammelt man erste Eindrücke und kann sich überlegen, was einen anspricht, und was zum eigenen Leben passt.

Bei der Beurteilung eines Hauses fällt zumeist das auf, was nicht stimmt, was stört und schlecht gemacht ist. Um einem Haus gerecht zu werden, sollte man sich daher fragen: Wie gefällt mir dieses Haus im Ganzen, wie gefällt mir das eine oder andere Detail? Welchen Zweck erfüllt dieses Detail für die Lebensweise seiner Bewohner und welchen Sinn hat es beim Bau und Erhalt des Hauses?

Das Haus als Organismus

Jedes Haus hat seine inneren Kreisläufe und steht in ständigem Austausch mit der Umwelt. Dabei entstehen Ausgleichsbewegungen von außen nach innen und umgekehrt. Luftbewegungen gleichen permanent das durch Nutzung und sich verändernde Außenklima entstehende Gefälle von Feuchtigkeit und Wärme aus. Die Fassade des Hauses schützt vor allen Arten von Witterungseinflüssen. Sie ist dem Wind und seinen Strömungen ausgesetzt, Sog- und Druckkräfte, Wärme, aber auch Kälte wirken auf sie ein.

Alle diese Prozesse, die in und an einem Haus ablaufen, beanspruchen es permanent. Auch dieser Umstand macht jede Bauaufgabe so verschieden. Es gibt nicht die eine Bauweise, die jedes bautechnische Problem für jeden beliebigen Standort ein für allemal löst. Jedes Haus, das entstehen soll, verlangt von einem Planer ein Verständnis dafür, welche Bauweisen hier und jetzt für ganz bestimmte Anforderungen geeignet sind. Diese Eigenheiten ergeben sich aus den Einflüssen, denen ein Haus aufgrund seines Standorts ausgesetzt ist: dem Klima der Region, der Bebauung in der Nachbarschaft, der Lage, z.B. an einem Hang oder in der Nähe eines Flusses, und vielen anderen Faktoren. Der Architekt berücksichtigt mit seinem Entwurf, der gewählten Bauweise und den Materialien diese besonderen Umstände.

Ein für den Bauherrn wichtiger Aspekt ist auch die Lebensdauer des Hauses. Bemerkenswerterweise sprechen Bauingenieure, die ansonsten kaum für eine bilderreiche Sprache bekannt sind, vom «Lebenszyklus» eines Gebäudes. Eine nachhaltige Bauweise, eine gute, weil speziell angepasste Planung durch einen Architekten kommt dem Bauherrn zugute. Was die Lebensdauer eines Hauses angeht, so rechnet man heute damit, dass der Rohbau bei massiver Bauweise normalerweise 100 Jahre hält. Das betrifft alle tragenden Elemente: die Wände, die Decken und den Dachstuhl. Der Innenausbau, dazu gehören die Installationen wie Heizung und Elektrik, wird je nach Ausstattung mit rund 10 bis 20 Jahren Lebensdauer veranschlagt. Das Mobiliar wird alle 5 bis 10 Jahre erneuert. Ein Haus verlangt ständige Pflege. Wird die Wartung des Hauses sorgfältig durchgeführt, kann die angenommene Lebensdauer weit überschritten werden.

Die Betriebskosten, die für die Nutzung und dem Erhalt eines Hauses anfallen, geschätzt nach den momentanen Verhältnissen, werden während des Lebens eines Hauses im Durchschnitt etwa das Sechsfache der ursprünglichen Bausumme betragen, also weitaus mehr als das, was man anfänglich in-

vestiert hat. Die Summe hängt jedoch stark von der Qualität der errichteten Bausubstanz ab. Daher wird klar, wie wichtig ein von Beginn an genau überlegter Entwurf ist. Hierin liegt eines der größten Potenziale des Bauens mit einem Architekten: Trotz Low-Budget ein haltbares, gut zu pflegendes Haus zu bauen.

Die Umgebung des Hauses

Jedes Haus wird gewissermaßen durch sein Umfeld geprägt. Es gehört z.B. zu einem Dorf, einem Stadtviertel, einer Landschaft. Über Jahrhunderte haben sich ganz bestimmte Bauformen und die Verwendung spezieller Baumaterialien durchgesetzt. Das Klima, die Rohstoffe, die in der Nähe verfügbar sind, die unterschiedlichen Arten, den Lebensunterhalt zu verdienen, prägen die einzelnen Regionen. All das spiegelt sich im Aussehen der Häuser wider.

Das heißt also, dass sich der Bauherr mit der Umgebung auseinandersetzen und entscheiden muss, welche Zugeständnisse er macht. Der Architekt kann aufgrund seiner Kenntnisse der Baugeschichte bzw. regionalen Bautraditionen und seines bauphysikalischen Wissens zwischen den verschiedenen Einflussfaktoren unterscheiden. Die Zusammenarbeit mit einem Architekten bietet die Möglichkeit, sich aus Respekt vor der Umgebung mit der Frage zu befassen, wie der Auftritt in der neuen Heimat aussehen soll.

Drei Wege zum eigenen Haus

Für einen Bauherrn, der sich ein Haus errichten möchte, ist das Bauen mit einem Architekten eine attraktive Möglichkeit. Es erlaubt nicht nur die Kombination des wertvollen Wissens aus der Bautradition mit den modernen Technologien, darüber hinaus sind Architekten durch regelmäßige Fortbildungen stets mit den neuesten Entwicklungen von Baustoffen und Techniken, wie etwa dem energiesparenden Bauen, vertraut.

Im folgenden wird zunächst ein Überblick über die Möglichkeiten gegeben, die der Bauherr bei der Realisierung seines Hauses hat. Neben dem Bauen mit dem Architekten sind dies dass Bauen mit dem Generalübernehmer bzw. der Kauf eines Hauses vom Bauträger. In der Gegenüberstellung wird deutlich, wie sich die jeweiligen Modelle voneinander unterscheiden und welche Vorteile die Zusammenarbeit mit dem Architekten für den Bauherr bieten kann.

Das Bauen mit dem Generalübernehmer

Heutzutage wird ein Eigenheim häufig zusammen mit einem Generalübernehmer gebaut. Sicherlich gibt es hier ein weites Feld sehr unterschiedlicher Angebote mit unterschiedlicher Qualität, aber im Grunde genommen ist das Prinzip überall gleich: Planung und Ausführung kommen aus einer Hand. Der Generalübernehmer (GÜ) organisiert die Vorbereitung und Durchführung des Bauvorhabens im eigenen Namen und

auf eigene Rechnung, aber auf dem Grundstück und nach den Wünschen des Bauherrn. Diese Koordinationsleistung des GÜ wird durch seinen unternehmerischen Gewinn finanziert, der z.B. durch die Verwendung von Standardentwürfen erzielt wird. Standardisierung ist sicherlich ein gutes Mittel, um Geld zu sparen. Auch viele Entwürfe von Architekten greifen auf erprobte Konstruktionen, Bauweisen oder standardisierte Elemente zurück. Die Standardisierung darf jedoch nicht zulasten der Bau- und Wohnqualität gehen, die Kosteneinsparung sollte dem Bauherr zugute kommen. Da Planung und Ausführung aus einer Hand kommen, wird keine objektive Qualitätskontrolle durchgeführt. Auch wenn ein Bauleiter vor Ort die Bauarbeiten überwacht, ist dieser aufgrund der Auftragssituation zwar dem GÜ, nicht aber dem Bauherrn verpflichtet. Letztendlich wird zwischen dem Bauherrn und dem GÜ ein Stück Haus verhandelt. Dieses wird in einer sehr frühen Entwurfsphase, d.h., wenn oft noch gar nicht alle Prämissen bekannt sind, durch eine Baubeschreibung kostenmäßig erfasst. Diese funktionale Baubeschreibung kann, auch wenn sie sehr umfangreich ist, noch nicht alle zu treffenden Entscheidungen berücksichtigen. Oft ist es für den Bauherrn einfacher, erst nach Fertigstellung des Rohbaus Lage und Art der Ausbauten festzulegen. Diese unumgänglichen Änderungen führen dann auch beim Bauen mit dem GÜ trotz des scheinbaren Festpreises zu Mehrkosten.

Das Bauen mit dem Bauträger

Der Bauträger kauft Grundstücke und baut darauf Wohnhäuser, die er wiederum an den Bauherrn verkauft. Für den Bauherrn, der in der Regel kein Bauexperte ist, ist dieses Angebot leichter nachvollziehbar. Das Aussehen des Hauses steht schon fest. Auch hier handelt es sich jedoch um eine standardisierte Gestaltung. Oftmals wird ein Areal in mehrere, beinahe identische Doppel- und Einzelhäuser aufgeteilt. Durch den größeren, aber gleich ablaufenden Leistungsumfang können die einzelnen Firmen ihre Leistung günstiger anbieten. Dieser günstige Preis wird jedoch nicht vollständig an den Bauherrn weitergegeben. So erzielt der Bauträger seinen Gewinn, als Ausgleich für die Koordinierungsleistungen und das unternehmerische Risiko. Die üblicherweise angebotene Baubeschreibung birgt das Problem in sich, dass sie zum Zeitpunkt der Erstellung noch nicht umfassend ausformuliert werden kann. Wie beim GÜ gibt es auch beim Bauträger keine objektive Qualitätssicherung, da der Bauleiter nicht im Auftrag des Bauherrn die Umsetzung auf der Baustelle kontrolliert, sondern im Auftrag des Bauträgers. Auch befindet sich der Bauherr jetzt nur noch in der Rolle des Käufers, der keinen direkten Kontakt zu einem Planer oder Architekten hat, sondern mit den Verkäufern des Bauträgers verhandelt. Da der Bauträger oft ein großes Areal erwirbt und teilweise auch die Kosten für die Bauleistung bis zum endgültigen Verkauf an den Kunden vorstrecken muss, trägt er ein hohes unternehmerisches Risiko. Diesem sind in der heutigen Situation manche Bauträger nicht gewachsen, was zum Konkurs führen kann.

Daher ist es empfehlenswert, vor Abschluss eines Vertrags sowohl beim Bauen mit dem Generalübernehmer als auch beim Kauf eines Hauses vom Bauträger, die Unterlagen bzw. Verträge durch einen unabhängigen Bausachverständigen prüfen zu lassen.

Das Bauen mit dem Architekten

Beim Bauen mit dem Architekten beruht die Zusammenarbeit auf einem anderen Prinzip. Eine der schwierigsten, aber wesentlichsten Aufgaben des Architekten ist es, das gestalterische Konzept in Einklang mit den bautechnischen Erfordernissen zu bringen. Gerade weil er als Person am Werk ist, kann er hier alles einbringen, was gefragt ist: sein Wissen, seine Kreativität, sein Verständnis und seine Erfahrung. Er führt mit dem Bauherrn keine Verkaufsgespräche, sondern entwickelt gemeinsam mit ihm Lösungen, wie das zukünftige Haus aussehen wird und welchen Bedingungen es gerecht werden soll bzw. muss. An diesem Punkt treffen sich die Ansprüche des Bauherrn und die Aufgaben des Architekten. Für

den Bauherrn, der ein auf seine Bedürfnisse zugeschnittenes, individuell entworfenes Wohnhaus erhalten möchte, ist das Bauen mit dem Architekten sinnvoll. Von ihm erhält er ein bis ins Detail geplantes auf seine Anforderungen abgestimmtes Haus. Der Architekt vertritt die Interessen des Bauherrn. Er kann ihn nicht nur dahingehend beraten, welche Investitionen sich für ihn lohnen, sondern auch die Baukosten für den Bauherrn senken, indem er mit den ausführenden Firmen günstige Verträge aushandelt.

Drei Wege der Bauausführung – von der ersten Idee bis zur schlüsselfertigen Übergabe

Der Entwurf ist der erste Schritt zum eigenen Heim. Der nächste ist die Umsetzung des Entwurfs: der Hausbau. In der Regel ist der Bauherr kein Fachmann, der eine Baustelle koordinieren kann. Man braucht Wissen, Erfahrung und Überzeugungskraft, um sich bei der Verhandlung mit Baufirmen und vor Ort auf der Baustelle zu behaupten und um die Bauarbeiten fachgerecht zu koordinieren und zu überwachen. Der Bauherr benötigt also einen erfahrene Partner an seiner Seite, der diese Tätigkeiten für ihn übernimmt. Auch hier sind die gängigen Modelle, die Ausführung durch den Genralübernehmer, den Bauträger und den Architekten zur besseren Vergleichbarkeit einander gegenübergestellt.

Die Bauausführung mit dem Generalübernehmer

Angenommen, ein GÜ übernimmt die Ausführung: Dann beauftragt er die Handwerksfirmen als Subunternehmer. Der GÜ ist in diesem Falle der Auftraggeber. Er wird sich bemühen, die Spanne zwischen dem zuvor vereinbarten Festpreis und den tatsächlichen Baukosten, die er zunächst selbst tragen muss, möglichst groß zu halten, denn das ist seine Gewinnspanne. Er wird also versuchen, seine Kosten zu senken. Das kann im Widerspruch zu den Interessen des Bauherrn stehen. Da er die Qualität der Ausführungen nicht überprüfen kann, sollte der Bauherr für die Kontrolle der ausgeführten Arbeiten einen unabhängigen Sachverständigen beauftragen.

Der Bauherr bezahlt während der Bauphase nach Zahlungsplan die vereinbarten Summen. Zu jedem dieser Zeitpunkte und vor allem zum Schluss, wenn das fertige Haus in die Hände des Bauherrn übergeben werden soll, möchte er sichergehen, dass alle Leistungen, für die er bezahlen soll, auch tatsächlich und in ordentlicher Weise ausgeführt sind.

Wie soll er dies überprüfen? Gibt es Leistungen, von denen er nur annahm, dass sie zur Vereinbarung gehörten? Die Baubeschreibung, am Anfang so wohltuend einfach zu verstehen, kann sich als eine zu grobe Vereinfachung herausstellen.

Während der Bauphase ergeben sich zudem oftmals zusätzliche Leistungen, die vorher nicht kalkuliert werden konnten. Diese werden als Nachträge abgerechnet. Da der GÜ dem Bauherrn keine Kalkulation nach einzelnen Gewerken vorlegt, ist es besonders schwierig, die Höhe der Kosten aus Nachträgen zu überprüfen. Hier ist ebenfalls ein unabhängiger Berater empfehlenswert, der im Interesse des Bauherrn abschätzen kann, ob diese Nachträge berechtigt sind oder nicht und ob die bezahlten Leistungen tatsächlich erbracht wurden. Zudem werden in Nachträgen die Bauleistungen oft sehr viel teurer verkauft als bei der ursprünglichen Verhandlung. Im Rahmen der Ausschreibung bieten Firmen oft günstigere Preise an, um den Gesamtauftrag zu erhalten. Beim Nachtrag hingegen versuchen sie, diese finanziellen Verluste aus anderen Bereichen auszugleichen, da sie nun auch preislich nicht mehr mit anderen Anbietern konkurrieren.

Die Bauausführung mit dem Bauträger

Auch der Bauträger beauftragt die Handwerker als Subunternehmer und ist somit deren Auftraggeber. Im Gegensatz zum GÜ baut der Bauträger auf seinem eigenen Grundstück und verkauft dieses dann komplett mit dem errichteten Haus. D.h. daß der Bauherr ist nun in die Rolle des Käufers geschlüpft und als Ansprechpartner steht kein Planer, sonder lediglich ein Verkäufer des Bauträgers zur Verfügung. Der Bauherr kauft »ein Stück Haus« zu einem Festpreis; wie beim GÜ entfällt auch hier die Kostenkontrolle, da keine nach Gewerken aufgeschlüsselte Kalkulation vorgelegt wird. Auch die Qualität der Bauausführung kann vom Bauherrn nicht überwacht werden. So gibt es zwar einen Bauleiter, der diese Aufgabe auf der Baustelle ausführt, da er dies jedoch im Namen und Auftrag des Bauträger macht, ist keine objektive Qualitätssicherung gegeben. Um diese sicherzustellen benötigt der Bauherr, ebenso wie beim Bauen mit einem GÜ, einen unabhängigen Berater, der ihn auf der Baustelle vertreten kann. Zudem kann durch geschickte Verhandlungen mit den ausführenden Firmen, durch den Einsatz von alternativen Materialien auf der Baustelle und eine gute Koordination Zeit und Geld gespart werden. Diese Ersparnis, in Verbindung mit günstigen Preisen, da der Bauträger oftmals mehrere beinahe identische Häuser auf einem Areal baut, werden nicht vollständig an den Käufer weitergegeben, sondern gehen als unternehmerischer Gewinn in die interne Kalkulation des Bauträgers ein.

Die Bauausführung mit dem Architekten

Beim Bauen mit dem Architekten beruht die Bauausführung auf einem anderen Prinzip. Der Architekt vertritt die Interessen des Bauherrn, der Bauherr ist Auftraggeber der ausführenden Firmen. Er geht mit den Baufirmen und Handwerkern rechtsverbindliche Verträge ein. Was der Architekt dabei im Einzelnen für den Bauherrn tun kann, wird in den folgenden Abschnitten genau erläutert, um die Vorteile dieser Art des Bauens zu verdeutlichen.

Der Architekt erarbeitet nicht nur individuelle Lösungen für die Bauaufgabe, sondern koordiniert die gesamte Planung für ein Gebäude. Hierzu gehört neben der Planung der Baukonstruktion auch die Entwicklung der Heizungs-, Lüftungs- und Elektrosysteme. Bei komplizierten Bauaufgaben werden eigene Fachplaner z.B. Elektroplaner oder Heizungs- und Lüftungsplaner hinzugezogen, oftmals kann diese Planungsleistung jedoch von der ausführenden Firma kostengünstig übernommen werden.

Auf Grundlage dieser maßgeschneiderten Gesamtplanung erstellt der Architekt im nächsten Schritt das so genannte Leistungsverzeichnis. Es beschreibt alle Arbeitsschritte sowie das dazu benötigte Material. Die gewünschten Leistungen werden an mehrere Firmen zur Angebotsabgabe versandt. Anhand der Angebote generiert der Architekt einen Preisspie-

gel, der alle Leistungen übersichtlich auflistet. Am Ende des Leistungsverzeichnisses kann bei Bedarf ein Einheitspreiskatalog angeführt werden. Hier werden Material- und Arbeitspreise für zusätzlich anfallende Arbeiten eingeholt. So gibt es für unvorhergesehene Nachträge bereits günstig verhandelte Grundpreise. Nachdem die Handwerksfirmen ihre Angebote eingereicht haben, berät der Architekt mit dem Bauherrn, welche Firmen den Zuschlag erhalten.

Im Idealfall übernimmt der Architekt, der den Entwurf zum Haus erstellt hat, auch die Aufgabe des Bauleiters. Der Bauleiter koordiniert und kontrolliert die Bauausführung. Er vermittelt zwischen den einzelnen Gewerken, den Handwerkern und ausführenden Firmen, damit die Arbeiten ordentlich ausgeführt werden und rasch aufeinander folgen können. Da oftmals ein Gewerk die zuvor ausgeführten Arbeiten, z.B. Putz auf Mauerwerk, verdeckt, ist die ständige fachliche Kontrolle sehr wichtig. Der Architekt kann dadurch schon während der Entstehung des Hauses Mängel erkennen und beheben lassen. Durch diese sofortige Mängelbeseitigung können langwierige Streitereien vermieden werden. Klare Regeln auf der Baustelle beschleunigen die zeitlichen Abläufe. Während der Bauarbeiten überwacht der Architekt die Kosten, Termine und die technisch richtige Ausführung. Er kann beurteilen, ob ein Nachtrag sinnvoll ist und die Kosten dafür angemessen sind. So kann er den Bauherrn über Mehrkosten und zeitliche Verzögerungen frühzeitig informieren.

Insgesamt heißt das also: Ein Bauherr hat mit dem Architekten einen Experten an seiner Seite, der ihm die Kontrolle über den Fortgang des Baus ermöglicht, die er selbst nicht ausüben kann oder will. Darüber hinaus ist ein Architekt dazu verpflichtet, ein Gebäude so zu entwerfen, dass es ohne Schäden oder Mängel ist. Er haftet für eigene Fehler bis zu 30 Jahre. Die Gewährleistungsfrist für Baufirmen beträgt nach der Vergabe- und Vertragsordnung für Bauleistungen (VOB) vier Jahre, nach Bürgerlichem Gesetzbuch fünf Jahre.

Mit Architekten kostengünstig bauen

Ein Architekt leistet eine Menge Arbeit: Er entwickelt eigens für den Bauherrn und seine besonderen Bedürfnisse einen Entwurf und überwacht und koordiniert die Arbeitsschritte während der Bauphase. Muss dann nicht das Bauen mit einem Architekten weitaus aufwendiger und notwendigerweise teurer sein? Man kann darauf ganz einfach antworten: Nein. Für das gleiche Ergebnis und die gleiche Qualität muss der Planungs- und Koordinierungsaufwand, der dahin führt, grundsätzlich gleich sein, egal ob er vom Bauträger, GÜ oder Architekten ausgeführt wird. Diese Leistungen muss der Bauherr bezahlen, beim Architekten in Form einer aufgeschlüsselten Honorarrechnung, beim Bauträger und GÜ über den Gesamtpreis für das Bauvorhaben.

Für das Verhältnis von Preis und Leistung ist ausschlaggebend in welcher Position zum Bauherrn derjenige steht, der bestimmt, wie und mit welchen Mitteln ein Arbeitsschritt ausgeführt werden soll. Nach diesem Verhältnis richtet es sich nämlich, wem mögliche Einsparungen und wirtschaftliches Bauen zugute kommen. Ein Bauträger oder GÜ, der mit dem Käufer zuvor einen Festpreis vereinbart hat, versucht in seinem eigenen Interesse zu sparen. Darin liegen seine Möglichkeiten, Gewinn zu erwirtschaften. Wenn dagegen ein Architekt im Auftrag seines Bauherrn z.B. eine kostengünstigere Konstruktion oder eine andere Möglichkeit der Ausführung findet, geht das zu dessen Gunsten; die Summe der Baukosten, die der Bauherr zu bezahlen hat, kann reduziert werden.

Es gehört zu den Aufgaben des Architekten, dem Bauherrn zu erläutern, welche Investitionen sich für ihn lohnen. So ist ein nachhaltiges Bauen beispielsweise viel wichtiger als Sparen um jeden Preis. Dazu gehört eine Bauweise, die geringe Unterhaltskosten ermöglicht, gleichzeitig sollten auch ökologische Aspekte berücksichtigt werden, um etwa zu hohe Kosten bei der späteren Entsorgung (z.B. von bestimmten Dämmstoffen) zu vermeiden. Da sich der Bauherr auf lange Zeit mit großen Geldsummen belastet, ist es für ihn sicher nicht immer einfach, einzusehen, weshalb eine zunächst teurere Lösung letztendlich die günstigere sein kann. Gerade dann ist die Beratung durch den Architekten wichtig. Im Gespräch mit ihm kann der Bauherr selbst einen Standpunkt dazu entwickeln, ob oder warum eine bestimmte Lösung für das Haus tatsächlich nötig und darum auch ihr Geld wert ist.

DIE SUCHE NACH DEM RICHTIGEN ARCHITEKTEN UND DER BEGINN DER ZUSAMMENARBEIT

Am Anfang der Suche steht die Entscheidung des Bauherrn, überhaupt mit einem Architekten bauen zu wollen. Die Gründe für seine Entscheidung geben oft auch die Parameter für die Suche vor.

Manchen Bauherrn begeistert einfach das Prinzip, das hinter der Zusammenarbeit mit dem Architekten steckt. Für ihn kommt gar keine andere Art zu Bauen infrage. Vielleicht möchte der Bauherr nur mit einem bestimmten Architekten und keinem anderen bauen, weil ihm dessen Arbeiten oder Ideen sofort gut gefallen haben. Ein anderer weiß schon, dass die Verwirklichung seines Hauses ungewöhnliche Schwierigkeiten bereiten wird, sodass eine individuelle Lösung zusammen mit einem Architekten gefunden werden muss. Wenn zum Beispiel Barrierefreiheit geschaffen werden soll, um die Einschränkungen in der Mobilität der Hausbewohner zu verringern. In diesem Fall kann der Bauherr nach Architekten suchen, die überwiegend im Bereich des barrierefreien Bauens tätig sind.

Wie findet nun der Bauherr seinen Architekten? Nach welchen Kriterien soll er den Architekten auswählen?

Bei der Suche nach dem richtigen Architekten kann man diesen beispielsweise nach einer Referenzliste fragen und sich seine realisierten Wohnhäuser ansehen. Oder aber man besucht, sofern es diese gibt, die Homepage des Büros. Auch grundsätzliche Orientierungen können eine Rolle spielen, wie etwa die ausdrückliche Ausrichtung auf das ökologischen oder das dem traditionellen Handwerk verpflichtete Bauen. Aber auch die Art und Weise wie der Architekt die Wünsche und die Bedingungen, die der Bauherr ihm gegenüber nennt, aufgreift und in Ideen für das neue Haus übersetzt sind ein Entscheidungskriterium. Bei dieser Übersetzungsleistung kommt es auf Seiten des Architekten sowohl auf fachliches Geschick als auch auf ein Verständnis für die Belange des Bauherrn an. Anhand der ersten Lösungsvorschläge merkt der Bauherr, ob es dem Architekten gelingt, seine Vorstellungen zu verstehen und architektonisch umzusetzen. Daher ist es wichtig, dass sich der Bauherr selbst darüber im Klaren ist, was er möchte und was er sich leisten kann.

Die Wünsche und Ansprüche, die Gewohnheiten, aber auch die Beschränkungen des Bauherrn machen einen wichtigen Teil der Ausgangssituation aus: Wie möchte er leben, wo möchte er leben, welche Lebensgewohnheiten sind ihm wichtig und wer wird im Haus wohnen? Wie viel Wohnfläche benötigt er und welche Hausform wünscht er sich. Nur der Bauherr selbst kennt seine Vorstellungen und weiß, wie er seinen Alltag gestalten möchte. Er muss bereit sein, seine Art zu leben in die Diskussion einzubringen und sollte sich daher über seine Erwartungen im Klaren sein und diese mitteilen. Dabei ist es oft nicht leicht, die richtige Ausgangsbasis für die Kommunikation zu finden. Wichtig ist in diesem Zusammenhang, dass man die jeweiligen Zuständigkeiten anerkennt und respektiert. Der Architekt kann Lösungsvorschläge entwickeln, ist aber darauf angewiesen, dass der Bauherr ihn mit Informationen versorgt. Die Zusammenarbeit wird dadurch persönlich – trotz aller Professionalität und der Tatsache, dass das Bauen ganz gewiss keine reine Privatsache ist, mit all den finanziellen, örtlichen, rechtlichen und baulichen Bedingungen, die zu klären sind. Zwischen Bauherr und Architekt sollte sich ein Vertrauensverhältnis entwickeln.

Möglichkeiten, einen Architekten zu finden

Es gibt viele Wege, einen Architekten zu finden oder mit einem Architekturbüro Kontakt aufzunehmen und ein Beratungsgespräch zu vereinbaren. Sie reichen von der strategischen Suche bis hin zum zufälligen Zusammentreffen.

Man kann gezielt bei Institutionen – wie dem Verband privater Bauherrn – nachfragen oder auf den Internetseiten der jeweiligen Architektenkammern der Länder nachsehen. Dort gibt es eine Liste der Architekten, die Mitglied der jeweiligen Landeskammer sind. Die Suche in dieser Liste wird erleichtert durch eine Untergliederung in Fachrichtung (Hochbau, Städtebau, Landschafts- und Innenarchitekten), Spezialisierung (z.B. auf energetische Sanierung) und Ortsansässigkeit. Hier sind auch Sachverständige aufgeführt, die man etwa für Gutachten zurate ziehen kann.

Wem eine virtuelle Kontaktaufnahme nicht liegt, für den gibt es eine Möglichkeit, die ebenfalls von den Architektenkammern angeboten wird: Einmal im Jahr findet in den jeweiligen Bundesländern ein Tag der Architektur für alle an Architektur Interessierten statt. Dann sind öffentliche Projekte und ebenso Privathäuser, die mithilfe eines Architekten entstanden sind, für Besucher zugänglich. Die Hausbesitzer laden dazu ein, ihr Heim zu besichtigen. Diese Möglichkeit sollte man unbedingt nutzen. Sehr häufig sind die Architekten selbst anwesend und zu einem Gespräch bereit. Zu diesen Wochenenden gibt es Programme, in denen die Projekte kurz beschrieben und die jeweiligen Architekten mit Adressen aufgeführt werden. So kann man sich seine Besichtigungstour zu den persönlich favorisierten Häusern zusammenstellen. Die Programme sind über die Architektenkammern erhältlich.

Natürlich braucht ein Bauherr nicht den Tag der Architektur abzuwarten. Er kann sich jederzeit in der näheren Umgebung umsehen. Ergiebiger ist es zu hinterfragen, warum es anspricht. Wenn die Architektur gefällt, dürfte es im Normalfall kein Problem sein, zu klingeln oder anzurufen, um sich nach dem Namen des Architekten zu erkundigen.

Eine weitere Möglichkeit für die Suche ist der Bekanntenkreis. Vielleicht haben Freunde oder Kollegen ihr Eigenheim mit einem Architekten gebaut?

Zwei Empfehlungen noch zur Wahl des Architekten: Es ist ratsam, einen ortsansässigen Architekten zu engagieren oder zumindest einen, der seine Projekte in der näheren Umgebung verwirklicht. Dieser Architekt kennt die Handwerker im Umkreis und hat wahrscheinlich schon Projekte nach dem örtlichen Bebauungsplan verwirklicht. Er ist mit den Genehmigungsgepflogenheiten der zuständigen Bauämter vertraut und kann in der Bauphase schnell vor Ort sein.

Zudem ist es eine Überlegung wert, sich an kleinere, auch junge Büros zu wenden, die sich mit Engagement der Bauaufgabe im Bereich Eigenheim widmen.

Neben dem Entwurfsstil des Architekten ist auch seine Erfahrung sowie die Anzahl der realisierten Einfamilienhäuser ein weiteres mögliches Kriterium für die Auswahl.

Die Wahl des Architekten

Zusammen mit den in die engere Wahl genommenen Architekten schaut sich der Bauherr, sofern bereits vorhanden, das Grundstück an, berät die Bebaubarkeit, bespricht Notwendigkeiten und Schwierigkeiten (wie etwa die Lage des Grundstücks, die Umgebung, die Nachbarbebauung, die Erschließung usw.) und entwickelt ein erstes Verständnis und Vorstellungen dafür, welche Wünsche unter den Gegebenheiten überhaupt realisierbar sind. In gemeinsamen Gesprächen werden diese Ideen als Skizzen, vielleicht auch in simplen Entwurfsmodellen, anschaulich gemacht. Der Architekt gibt eine erste, grobe Schätzung der Kosten ab. Nach einem oder mehreren ausführlichen Vorgesprächen konnte sich der Bauherr einen persönlichen Eindruck von den Architekten machen und sollte sich nun entscheiden, mit welchem er zusammen arbeiten möchte. Die Rahmenbedingungen dieser Zusammenarbeit werden im folgenden Abschnitt beschrieben.

Die Vereinbarung über die Zusammenarbeit: Der Architektenvertrag

Der Architekt wird für den Bauherrn auf Grundlage eines zwischen beiden abgeschlossenen Vertrags tätig. Im Vertrag sollte genau geregelt werden, mit welchen Problemlösungen der Bauherr den Architekten betraut. Die Vertragsparteien sind dabei frei, ihre Ziele eigenständig festzulegen. Inhalt und Umfang der Tätigkeit des Architekten sind insbesondere nicht durch die Honorarordnung für Architekten und Ingenieure (HOAI) vorgegeben. Der HOAI kommt auch keine Richtlinienfunktion für die Tätigkeit des Architekten zu. Der Architekt schuldet nicht das Abarbeiten dort aufgelisteter Grundleistungen, sondern, da der Architektenvertrag als Werkvertrag im Sinne des BGB zu qualifizieren ist, die Herbeiführung eines Erfolgs. Dieses Ziel möglichst genau zu beschreiben ist die eigentliche Herausforderung bei der Vertragsgestaltung. Notwendig dafür ist, dass der Bauherr klare Vorstellungen und Erwartungen entwickelt und diese zum Gegenstand der Verhandlungen mit dem Architekten macht.

Vereinbarungen über die Leistung des Architekten

Das bedeutet nicht, dass der Bauherr schon eine konkrete Vorstellung von seinem Haus haben muss. Der Architekt kann auch wertvolle Hilfe dabei leisten, damit das Wunschhaus Gestalt annimmt. Da Planung und Bau eines Einfamilienhauses nicht nur viel Zeit und Geld kosten, sondern auch Nerven erfordern, ist der Bauherr auf eine vertrauensvolle Zusammenarbeit mit dem Architekten angewiesen, obwohl er ihn zu Beginn noch nicht kennt. Empfehlenswert ist es daher, nicht gleich den ganzen Auftrag zu vergeben, sondern zunächst herauszufinden, ob die Zusammenarbeit, die Kommunikation funktioniert. So kann der Bauherr diese zum Beispiel zunächst auf das Erstellen eines Vorentwurfs mit Kostenschätzung beschränken und danach entscheiden, ob er mit dem Architekten das Projekt realisieren möchte.

Der Bauwunsch, die vom Architekten zu lösende bauliche Aufgabe, sollte so genau wie möglich beschrieben werden:

Sollen die Betriebskosten begrenzt sein? Soll die Energieversorgung auf mehrere Primärenergieträger (Gas, Holz usw.) gestützt werden? Man sollte auch bedenken, dass sich die Anforderungen an das Haus ändern können. Ziehen zum Beispiel die Kinder eines Tages aus, kann aus zwei kleineren Räumen mit wenig Aufwand ein großer entstehen. Ein zukünftiger Alterssitz muss von Anfang an barrierefrei geplant sein.

Eine klare Vorgabe ist häufig der zur Verfügung stehende Finanzierungsrahmen. Die Ermittlung der voraussichtlichen Kosten und die fortlaufende Kontrolle der tatsächlichen Kosten sind von entscheidender Bedeutung für das Gelingen des Projekts. Diese Aufgabe kann der Architekt wahrnehmen. Das nützt dem Bauherrn aber nur, wenn der Architekt dies in einer für ihn nachvollziehbaren Weise tut. Es muss also nicht nur geregelt werden, dass der Architekt die Kosten ermittelt und kontrolliert, sondern auch in welcher Form er dies tut. Sachgerecht ist meist eine Kostenzusammenstellung nach den Gewerken (Maurer, Maler, Fensterbauer etc.). Dabei müssen die Nebenkosten, also insbesondere die Erschließungskosten, Genehmigungsgebühren und Honorare, die sich erheblich auf die Gesamtinvestition auswirken, unbedingt berücksichtigt werden.

Entscheidend ist zudem die Bauzeit. Auch hierzu sind Vereinbarungen erforderlich. Wichtig ist nach Baubeginn auch die Disziplin des Bauherrn. Änderungen in diesem Stadium machen das Bauen teuer. Der Bauherr sollte sich lieber vorher Zeit für eine ausgereifte Planung nehmen, die dann ohne Änderungen umgesetzt werden kann. Wenn ein Vorhaben in einem sehr knapp bemessenen Zeitrahmen realisiert werden soll, müssen große Teile der Planung während des Baus erfolgen, die Ausschreibung der einzelnen Gewerke läuft dann oftmals parallel zum Bauprozess. Probleme bei der Abstimmung der einzelnen Gewerke sowie beim Informationsaustausch zwischen allen Beteiligten können den Zeitplan gefährden. Die Informationspflichten sind daher in allen Verträgen von besonderer Bedeutung. Kurze Ausführungszeiten erfordern vom bauleitenden Architekten zudem eine erhöhte Präsenz auf der Baustelle. Auch das sollte klar geregelt werden.

Schäden, für die der Architekt dem Bauherrn gegenüber einzustehen hat, bekommt er von seiner Haftpflichtversicherung, die jeder Architekt abschließen muss, ersetzt. Der Bauherr sollte daher von seinem Architekten schon vor Vertragsabschluss eine Versicherungsbestätigung verlangen. Um zu verhindern, dass im Ernstfall kein Versicherungsschutz besteht, etwa weil Prämien nicht gezahlt wurden oder die Deckungssumme aufgebraucht ist, sollte eine Reservierungsbestätigung bei der Versicherung eingeholt werden. Darin sagt die Versicherung dem Bauherrn zu, dass für sein Vorhaben die Versicherungssumme in einer bestimmten Höhe vorbehalten ist. Diese Abrede lassen sich die Versicherungen zwar bezahlen, aber der Betrag ist gut angelegt.

Darüber hinaus sollte der Bauherr seinen Architekten dazu verpflichten, ein aussagekräftiges Bautagebuch zu führen. Dazu gehört auch, dass der Baufortschritt fotografisch dokumentiert wird. Bevor also beispielsweise die Elektroinstallation unter dem Putz verschwindet, wird ihre tatsächliche Lage festgehalten.

Auch die Übergabe einer geordneten Zusammenstellung aller wichtigen Unterlagen des Bauvorhabens an den Bauherrn sollte vereinbart werden. Dazu gehören mindestens die Baugenehmigung, die geprüfte Statik, die Pläne, insbesondere Ausführungspläne, die die tatsächliche Bauausführung zutreffend wiedergeben, Bescheinigungen des Prüfingenieurs, des Schornsteinfegermeisters und das Bautagebuch.

Wichtig sind zudem Regelungen, die das Verhältnis von Architekt und Bauherr während der Projektdurchführung auf

eine tragfähige Basis stellen. So kann man vereinbaren, in welchem Zeitraum und in welcher Form dem Bauherrn Bericht erstattet wird. Auch Mitwirkungsaufgaben des Bauherrn sollten hier ihren Niederschlag finden, etwa bis wann er Entscheidungen zu fällen hat. Nicht zuletzt sollten Bauherr und Architekt festlegen, dass nur hinreichend qualifizierte Bauunternehmen beauftragt werden dürfen.

Vereinbarungen über das Entgelt des Architekten

Für seine Leistung steht dem Architekten regelmäßig ein Entgelt zu, auch ohne dass darüber eine Vereinbarung getroffen werden müsste. Im Anwendungsbereich der HOAI, unter die Architektenleistungen beim Einfamilienhausbau fallen, ist die Höhe des Entgelts, das sich aus dem Honorar und den Nebenkosten zusammensetzt, nach Maßgabe dieser Verordnung zwingend bestimmt. Der Verhandlungsspielraum der Parteien ist hier sehr begrenzt.

Grundsätzlich richtet sich das Honorar für Architektenleistungen beim Einfamilienhausbau nach den ersten beiden Teilen der HOAI, §§ 1 bis 27. Die Höhe ergibt sich aus den anrechenbaren Kosten, der Honorarzone, dem Honorarsatz und dem Auftragsumfang. Nur den Auftragsumfang können die Parteien frei vereinbaren. Auch die Vereinbarung einer Kostenobergrenze ist möglich, die einer Garantie dagegen nur unter engen Voraussetzungen.

Die anrechenbaren Kosten sind zwingend nach Maßgabe des § 10 und der DIN 276 in der Fassung vom April 1981 zu ermitteln. Dabei sind vier verschiedene Kostenermittlungsarten vorgesehen, die je nach Stand des Vorhabens zur Anwendung gelangen, d.h., für ein und dasselbe Bauvorhaben können durchaus vier verschiedene Beträge für die anrechenbaren Kosten gültig sein. Je größer die anrechenbaren Kosten, desto höher das Honorar. Daraus abzuleiten, ein Architekt neige dazu, möglichst teuer zu planen, ist aber verfehlt. Die Vereinbarung einer Kostenobergrenze kann sich auch auf die Höhe des Honorars begrenzend auswirken.

Die Honorarzone, die den Schwierigkeitsgrad der Planung berücksichtigen soll, steht ebenfalls grundsätzlich nicht zur Disposition. § 12 ordnet Einfamilienhäuser im Prinzip der Honorarzone III zu, wenn nicht ausnahmsweise die Zone IV Anwendung findet. Nur in ganz engen Grenzen, wenn auch eine nach § 11 vorgenommene Einordnung mit dem dortigen Punktesystem immer noch nicht Klarheit geschaffen hat, haben die Parteien die Möglichkeit, eine vertragliche Klärung herbeizuführen.

Der Honorarsatz gibt an, wo genau zwischen Mindest- und Höchstsatz das Honorar des Architekten angesiedelt ist (§ 4). Nur innerhalb dieser Spanne können die Parteien den Satz frei vereinbaren und auch das nur, wenn die Vereinbarung darüber schriftlich und bei Vertragsschluss erfolgt. Sonst gelten die Mindestsätze (§ 4 Absatz 4). Die in Absatz 2 und 3 geregelten Ausnahmen sind vernachlässigbar.

Mit diesen drei Parametern kann das Honorar für die Grundleistungen, die in § 2 Abs. 2 Satz 1 definiert sind, aus der zu § 16 Absatz 1 erlassenen Honorartafel errechnet werden. Liegen die anrechenbaren Kosten nicht genau auf den Tabellenwerten, ist noch ein weiterer Berechnungsschritt notwendig, der in § 5a geregelt ist.

Der so ermittelte Wert ist nach Maßgabe des § 15 Absatz 1 an den Umfang des Auftrags anzupassen. Dabei differenziert die HOAI nur nach Leistungsphasen, womit sachlich zusammengehörige Grundleistungen gemeint sind (§ 2 Absatz 2 Satz 2). Offen bleibt damit die Frage, wie das Honorar zu bemessen ist, wenn einzelne Grundleistungen (oder Teile davon) einer Leistungsphase nicht erbracht werden müssen, weil sie nicht beauftragt sind. § 5 Absatz 2 stellt nur klar, dass sich dies honorarmindernd auswirken soll. Der Verordnungsgeber hat es hier den Parteien überlassen, die entsprechenden Bewertungen selbst zu treffen. Als Orientierungshilfe gibt es dazu Tabellen; Richtwerte können auch HOAI-Kommentaren entnommen werden.

Zum Honorar kommen noch die in § 7 angesprochenen Nebenkosten. Sofern bei Auftragserteilung schriftlich vereinbart, können sie ausgeschlossen, aber auch als Pauschale vereinbart werden. Im letzteren Fall ist ein Prozentsatz des Nettohonorars üblich. Die Parteien sind hier frei, da sich § 4 auf das Honorar beschränkt. Geregelt werden sollte auch, welche Leistungen gemeint sind, etwa dass der Bauherr drei Plansätze erhält. Ist bei Auftragserteilung nichts schriftlich vereinbart worden, kann der Architekt die erforderlichen Auslagen nach Einzelnachweis abrechnen, d.h. nach einer geordneten Zusammenstellung der Auslagen nebst Belegen.

Sowohl Honorar wie Nebenkosten sind Nettobeträge. Die auf diese Beträge anfallende Umsatzsteuer kann der Architekt ohne besondere Vereinbarung nach Maßgabe des § 9 Absatz 1 verlangen.

Um das geringe Maß an Verhandlungsfreiheit, das das Preisrecht der HOAI überhaupt zulässt, wenigstens voll ausschöpfen zu können, sei nochmals auf Folgendes hingewiesen: Zumeist wird die Schriftform bei Vertragsschluss von der HOAI verlangt. Viele Vereinbarungen scheitern leider bereits daran, dass entweder Form oder Zeit oder gar beide Bedingungen fehlen.

Ein Beispiel zur Veranschaulichung

Der Bauherr möchte ein Einfamilienhaus bauen: solide, ohne Extravaganzen. Er hat insgesamt ein Budget von Euro 280.000,--. Hiervon gehen bereits 19 Prozent als Umsatzsteuer an das Finanzamt. Für sein Haus bleiben ihm damit nur noch rund Euro 235.000,--. In der Regel liegen die Baunebenkosten (wie Erschließungskosten, Genehmigungsgebühren und Honorare) bei etwa 20 Prozent, sodass für das Haus (ohne Garten und Einrichtung) rund Euro 190.000,-- bleiben. Bei dieser Investitionssumme beträgt das Honorar für den Architekten (Honorarzone III, Mindestsatz) bei 100 Prozent Leistung (d.h. der Beauftragung für alle Leistungsphasen) Euro 20.584,-- zuzüglich Nebenkosten und Umsatzsteuer.

Dem Bauherrn ist aufgrund dieser komplexen Zusammenhänge die Beratung durch einen Fachanwalt für Bau- und Architektenrecht zu empfehlen.

DAS PLANEN UND BAUEN
MIT DEM ARCHITEKTEN

In den beiden vorangestellten Abschnitten sind die Voraussetzungen und die Möglichkeiten, die das Bauen mit dem Architekten bietet, vorgestellt worden. Nun folgt mit der Beschreibung des Planungs- und Bauablaufs eine ausführliche Schilderung der einzelnen Stationen auf dem Weg zum eigenen Haus.

Der Weg dorthin lässt sich in Etappen unterteilen: Zunächst muss man ein geeignetes Grundstück finden. Ist dies geschehen, muss erkundet werden, welche Voraussetzungen für einen Hausbau durch das Grundstück gegeben sind, sowohl in Bezug auf die natürliche Beschaffenheit als auch auf die gesetzlichen Vorgaben. Von diesen Grundlagen ausgehend, entwickelt der Architekt Ideen, auf diese ersten Konzepte folgt dann die Ausarbeitung eines Entwurfs, der schließlich Grundlage für den Bauantrag wird, d.h., die Pläne werden den Behörden zur Genehmigung vorgelegt.

Die Baugenehmigung ist die Grundlage zur rechtlich gesicherten Erstellung eines Gebäudes. Zur Erteilung der Baugenehmigung sind neben den Planunterlagen und Berechnungen eine statische Berechnung sowie Nachweise zu Wärme- und Schallschutz einzureichen. Die Anforderungen unterscheiden sich je nach Bundesland etwas, ebenso die Bearbeitungszeiten. Eine Genehmigung ist in der Regel drei Jahre gültig, d.h., der Bauherr hat drei Jahre Zeit, um mit dem Hausbau zu beginnen.

In den einzelnen Landesbauordnungen ist geregelt, dass Wohngebäude bis zu drei Vollgeschossen von der Genehmigung befreit werden können, wenn sie innerhalb eines amtlichen Bebauungsplans liegen, ihre Erschließung gesichert ist und keine Genehmigungsverfahren seitens der Bauaufsichtsbehörde gefordert sind. Der Vorteil hierbei ist, dass man nach Ablauf einer bestimmten Frist (in den meisten Bundesländern vier Wochen) nach Einreichung der erforderlichen Unterlagen mit dem Bau beginnen kann, wenn dem Bauherrn von der Baubehörde nichts anderes mitgeteilt wird. Dieses Verfahren ist finanziell günstiger, jedoch liegt die Verantwortung bei einem Verstoß gegen das Baurecht beim Bauherrn, da die Genehmigungsbehörde das Bauvorhaben nicht mehr im Genehmigungsverfahren prüft, sondern lediglich feststellt, ob die Rahmenbedingungen (wie das Vorliegen eines Bebauungsplanes) für ein Bauen ohne Baugenehmigung gegeben sind. Oft ist es auch ratsam, aufgrund der vielen Abteilungen, die bei der Erteilung der Genehmigung berücksichtigt werden müssen (Naturschutz, Denkmalschutz, Wasserwirtschaft), den Behörden die Einbeziehung der Referate im Genehmigungsverfahren zu übertragen (4–Augen–Prinzip).

Sind alle Genehmigungen erteilt, erfolgen Ausführungsplanung, Ausschreibung und Vergabe durch den Architekten. Die Bauarbeiten können beginnen. Der Architekt koordiniert und überwacht alle Arbeiten. Schließlich können die Bauherren das fertige Haus beziehen.

Auf den folgenden Seiten wird der Ablauf des Hausbaus beispielhaft erläutert. Grundsätzlich schuldet der Architekt das fertige Werk und nicht das Abarbeiten der einzelnen Leistungsphasen, dennoch wird zum besseren Verständnis des Baugeschehens der Ablauf in Anlehnung daran erläuert.

Einige grundsätzliche Punkte

In jeder Phase des Hausbaus sind eine Vielzahl von Entscheidungen zu treffen. Der Architekt berät, wann der rechte Zeitpunkt für eine bestimmte Entscheidung gekommen ist, er macht dem Bauherrn den Stellenwert und die Folgen klar. Es gibt wichtige Entscheidungen, die weitreichende Auswirkungen auf das Aussehen oder für den Erhalt des Hauses, die Baukosten und die Wohnqualität haben. Dazu zählen etwa die Form des Grundrisses, die Energieversorgung, die Materialien für die Konstruktion, die Fassaden oder das Dach. Es empfiehlt sich Änderungen an der ursprünglichen Planung frühzeitig vorzunehmen, spätestens bis zur Ausführungsphase, da diese in der Bauphase erheblich teurer werden. Im besten Fall werden nach Vergabe der Leistungen an die Firmen nur noch kleine Korrekturen vorgenommen.

Zum Entscheiden und Planen gehören vorausschauende Überlegungen. Bautechnische Fragen sind oft leichter zu klären als solche zum Entwurf, denn mit einiger Erfahrung und einem soliden Wissen lassen sich Risiken oder Komplikationen abschätzen. Hier hilft der Architekt. Schwieriger wird es, wenn der Bauherr darüber nachdenken muss, wie er später Wohnen möchte. Dabei will vieles beachtet sein: die Lebensplanung, seine Ziele und andere Eventualitäten. Dennoch kann kein Haus für alle erdenklichen Fälle mit den dazu passenden Funktionen ausgestattet sein. In diesem Zusammenhang bietet ein Haus mit einer einfachen Gestaltung dem Bauherrn oft mehr Spielraum als ein speziell auf seine aktuellen Bedürfnisse abgestimmter Entwurf.

Die Grundstückssuche

Mit der Wahl des Grundstücks legt der Bauherr bereits Rahmenbedingungen für das spätere Wohnhaus fest. Er sollte sich darüber im Klaren sein, wo er Leben möchte und wie viel Geld er für den Grundstückskauf investieren kann. Parameter wie der Zuschnitt, die Eignung des Bodens als Baugrund, die Lage, die Nachbarn und ihre Häuser, die Erreichbarkeit mit Verkehrsmitteln, die Entfernung zur Arbeitsstelle oder den Versorgungspunkten, nicht zuletzt die gesetzlichen Auflagen, die Vorbesitzer und die bisherige Nutzung beeinflussen die Planung. Ist das Grundstück groß genug, wie liegt es in seiner Umgebung? Wie weit ist es von Kindergarten, Schule, Arzt oder Supermarkt entfernt? Stören lärmende Hauptverkehrsstraßen in der Nähe oder gibt es Fabriken, denen man den Schadstoffausstoß nicht ansieht? All dies sind Rahmenbedingungen für das spätere Haus.

Doch ein geeignetes und günstiges Stück Bauland zu finden ist nicht einfach. Der Baugrund in Deutschland ist knapp und teuer. Daher gilt es, alle Möglichkeiten auszuschöpfen.

Für die Suche gibt es unterschiedliche Strategien: Man kann selbst in der Gegend, in der man bauen möchte, herumfahren und nach freien Grundstücken Ausschau halten. Den Namen der Besitzer erfährt man z.B. über die Nachbarn oder die Stadtverwaltung, das Katasteramt. Oder man bittet Freunde sich umzuhören, ob in ihrer Umgebung jemand ein Grundstück verkaufen möchte. Eine Annonce in einer regionalen Zeitung kann den Kontakt zu verkaufswilligen Besitzern herstellen. Neben Maklern bieten auch Banken und Sparkassen Grundstücke zum Verkauf an. Auch Zwangsversteigerungen sind eine Möglichkeit, ein Grundstück zu erwerben. Zu beachten ist, dass es unterschiedliche Arten von Baugrund gibt. Nur auf einem bebauungsreifen Grund darf gebaut werden.

Zur Orientierung über den Preis eines Grundstücks kann man den lokal üblichen Durchschnittspreis, den sogenannten Bodenrichtwert, beim Katasteramt erfragen. Ein Architekt selbst darf kein Grundstück vermitteln, kann aber mit Hinweisen behilflich sein. Er weiß eventuell, wo neues Bauland ausgewiesen worden ist und wer darüber informiert. Bereits bei dieser Entscheidung kann der Bauherr also einen Architekten zurate ziehen. Dieser definiert gemeinsam mit dem Bauherrn ein erstes Konzept vom Haus und berät, in welcher Form und mit welchem finanziellen Aufwand sich dieses verwirklichen lässt. Das entwickelte Konzept kann er dann mit den Gegebenheiten des Grundstücks und dem geforderten Preis vergleichen. Er prüft für den Bauherrn, ob man das Vorhaben wie gewünscht auf diesem Grundstück ausführen kann. Die Analysen des Architekten schaffen zugleich eine bessere Ausgangsbasis für die Verkaufsverhandlungen.

Die Energieversorgung des Hauses

Die Energieversorgung bekommt einen immer größeren Stellenwert: Durch die rapide steigenden Kosten der endlichen fossilen Energieträger übertreffen die Energiekosten bereits nach wenigen Jahrzehnten die Baukosten. Daher sollte sich jeder Bauherr überlegen, wie er bei seinem Haus den Energieverbrauch senken, den Energieverlust so gering wie möglich halten und regenerative Energiequellen nutzen kann – auch im Sinne eines nachhaltigen und verantwortungsbewussten Umgangs mit unserer Umwelt. Die Möglichkeiten hierfür sind mittlerweile vielfältig. Will man sein Haus entsprechend planen, muss es die Bestimmungen der Energieeinsparverordnung (EnEV) erfüllen, besser noch deren Forderungen unterbieten und so dem Bauherrn geringere Energiekosten und ein behagliches Wohnklima ermöglichen. Die EnEV ist für Neubauten verbindlich. Je nach Entwurf kann die dafür erforderliche Hausqualität mit höheren Ausstattungskosten verbunden sein. Darum ist es wichtig, sich rechtzeitig vor dem Hausbau über Fördergelder zu informieren, die speziell für energiesparende Bauten vorgesehen sind. Bei einer weiteren Verbesserung der Energiebilanz sind zum Beispiel günstige Kredite oder Zuschüsse der KfW Förderbank möglich. Der Architekt berät, welche Art der Energieversorgung angebracht ist.

Die Leistung im Einzelnen

Die nun folgende Chronologie des Hausbaus mit einem Architekten kann nicht schematisch auf jedes Objekt angewendet werden. Sie zeigt vielmehr die wesentlichen Punkte der Planung und Ausführung auf, die bei jedem Hausbau vorkommen. Grundsätzlich wird ein Gesamtwerk durch den Architekten geschuldet, anhand der Leistungsphasen lässt sich exemplarisch aufzeigen, welche Einzelschritte hierfür nötig sind. In der Regel sind die Planungs- und Bauphasen jedoch nicht so eindeutig voneinander getrennt. Während beispielsweise die Ausschreibung noch nicht ganz abgeschlossen ist (Leistungsphase 6 und 7), kann bereits der Bau beginnen (Leistungsphase 8, Bauleitung). Nicht alle Leistungsphasen müssen vom Bauherrn in Anspruch genommen werden, die Entscheidung darüber sollte jedoch in Absprache mit dem Architekten erfolgen. Die einzelnen Leistungsphasen können auch an verschiedene Architekten vergeben werden. Das Wechseln des Architekten ist jedoch nicht zu jedem Zeitpunkt ohne zusätzlichen Aufwand möglich. So sollte die Entwurfsplanung in einer Hand bleiben (Leistungsphasen 1-3), die Genehmigungs- und die Werkplanung (Leistungsphase 4, Leistungsphase 5), sowie die Ausschreibung (Leistungsphase 6 und 7) und die Bauleitung (Leistungsphase 8) sind jeweils eigene umgrenzte Bereiche. Die abschließende Objektbetreuung und Dokumentation (Leistungsphase 9) sollte vom bauleitenden Architekten übernommen werden.

Das Planen und Bauen mit dem Architekten

Die folgenden Ausführungen bieten dem Bauherrn ein Überblick, wann, wo und wie ihn der Architekt als Planer und Baumeister unterstützt.

Die Grundlagenermittlung

Die Grundlagenermittlung beinhaltet folgende Tätigkeiten: Klären der Aufgabenstellung, Beratung zum gesamten Leistungsbedarf, Formulieren von Entscheidungshilfen für die Auswahl anderer an der Planung fachlich Beteiligter und abschließend das Zusammenfassen der Ergebnisse.

In dieser Phase geht es primär darum, in Gesprächen festzulegen, um welche Baumaßnahme es sich handelt, also die Wünsche des Bauherrn zu erfassen. Handelt es sich um einen Neubau oder eine Sanierung, ist das Haus für eine kleine Familie, sollen die Großeltern mit einziehen oder ist ein kleines Büro zu integrieren? Je nachdem sind die Weichen für die weitere Entwicklung unterschiedlich zu stellen. Diese Notwendigkeiten werden in Gesprächen ermittelt und dem Bauherrn an die Hand gegeben.

Leistungen, wie z.B. eine Standortanalyse, eine Bestandsaufnahme für den Fall, dass im Altbestand gebaut wird, das Aufstellen eines Raumprogramms oder Ähnliches gelten als Sonderleistungen, d.h., diese können jederzeit vom Architekten ausgeführt werden, sind jedoch gesondert zu vergüten. Die Aufgaben des Architekten liegen zunächst in der Beratung.

Die Vorplanung

In der Vorplanung treffen der Bauherr und sein Architekt vor allem Entscheidungen zu grundsätzlichen Fragen, d.h., sie legen die Richtung der Planung fest. Bauliche Details wie etwa Ausstattungsfragen sind dafür noch nicht relevant. Es geht um Fragen, wie die Form des Hauses, seine Ausrichtung auf dem Grundstück oder die gewünschte Größe.

Den Ausgangspunkt für diese Planungsphase bilden zweierlei Dinge: einerseits die Wünsche des Bauherrn und andererseits seine Möglichkeiten. Der Bauherr hat meist klare Vorstellungen vom Wohnen in seinem neuen Heim: Er weiß, was er braucht, was er sich gönnen möchte und was ihm überhaupt nicht zusagt. Die Wünsche müssen jedoch seinen Möglichkeiten entsprechen, vor allem seinen finanziellen. Der Architekt wird diesen Richtwert seinen Planungen zugrunde legen.

Um Kosten zu sparen kann der Bauherr auch Eigenleistungen übernehmen. Dies mag in einigen Fällen sinnvoll sein, etwa dann, wenn er selbst Handwerker ist. Man sollte jedoch be-

denken, dass bei Eigenleistungen eventuell nicht oder nur mit erheblichem Mehraufwand die erforderliche Qualität erreicht oder aber der Bauablauf in die Länge gezogen werden kann. Der Architekt berät schon während der Planung, welche Eigenleistungen eine reelle Ersparnis bringen können.

Der Architekt unterbreitet seine Ideen, skizziert Alternativen, wie man das Erwünschte in die Architektur eines Hauses übersetzen könnte. Dabei bezieht er auch alle anderen Umstände mit ein, die beim Entwurf bedacht werden müssen: den Baugrund, die bauliche Umgebung, den Bebauungsplan, die Erschließung. Mehrere Varianten entstehen, sie werden erklärt, geprüft und wieder geändert. Architekt und Bauherr verständigen sich über die großen Kategorien: Wohnfläche, Funktion und Aufteilung einzelner Bereiche im Haus.

Der Bauherr sollte sich sein Raumprogramm überlegen. Wie groß sollen die Räume sein? Wie viele Personen werden im Haus leben? Soll es getrennte oder gemeinsame Wohnbereiche geben? Welcher Raum soll tatsächlich dem Wohnen und welcher lediglich zum Abstellen, Aufbewahren oder als Durchgang dienen? Vielleicht wünscht man sich als Mittelpunkt des Hauses eine große Küche oder ein weitläufiges Esszimmer. Soll das neue Haus nicht nur zum Wohnen, sondern auch zum Arbeiten bestimmt sein? Sollen die Kinderzimmer später einmal als Gästezimmer genutzt oder als Einliegerwohnung untervermietet werden? Bei einem mehrgeschossigen Bau könnten die Funktionen zwischen der oberen und unteren Etage aufgeteilt sein: oben Wohnen und unten Arbeiten oder oben privat und unten öffentlich. Wie lässt es sich besser wohnen: mit einem fließenden Übergang oder mit einer deutlichen Abgrenzung zwischen innen und außen? Wie soll das Haus nach den Himmelsrichtungen ausgerichtet sein? Wird der Eingangsbereich zur einladenden Geste oder sollte er nicht exponiert und daher besser geschützt sein? Um sich darüber klar zu werden, was er benötigt, kann der Bauherr eine Art Anforderungsprofil für den Architekten erstellen. Falls der Bebauungsplan überhaupt diese Diskussion zulässt, wird die Form des Daches diskutiert: Soll es ein Flach-, ein Sattel- oder doch lieber ein Pultdach sein? Außerdem muss über die Konstruktionsweise gesprochen werden: Soll das Haus zum Beispiel in Ziegelmauerwerk oder in Holzbauweise errichtet werden.

Abgesehen von den vorgenannten Punkten, die sich im Wesentlichen auf die Planung des Hauses beziehen, gilt es in der Vorplanung die Möglichkeiten des Grundstücks auszuloten. Der Architekt prüft: Wie ist der Baugrund beschaffen, eignet

er sich für den Hausbau, und welche Konstruktionsweisen sind hier angebracht? Welche gesetzlichen Auflagen gibt es? Darüber hinaus muss er alle Fragen, die das Thema der Erschließung betreffen abklären.

Zunächst das Grundstück: Der Architekt prüft, welchen Zuschnitt es hat, wie es sich nach den Himmelsrichtungen orientiert und wie groß die tatsächlich bebaubare Fläche ist. Nicht selten ist ein Grundstück, z.B. durch das örtliche Erbrecht, ungewöhnlich geschnitten. Vielleicht ist es auch eine Baulücke. Einige Begrenzungen des Grundstücks müssen unter Umständen mit den Nachbarn geteilt werden. Der Verlauf dieser Grenze und die Bebauung müssen erfasst werden. Ebenso ist die Bepflanzung wichtig, womöglich steht die alte Rotbuche unter Naturschutz. Wenn es keinen amtlichen Lageplan für das Grundstück gibt, muss ihn ein Vermesser erstellen. Ein sehr wichtiger Punkt ist die Untersuchung der Bodenbeschaffenheit. Möglicherweise ist es erforderlich, einen Bodengutachter hinzuzuziehen. Die Bodenanalyse gibt Aufschluss über etwaige Probleme und damit auch die Möglichkeit, durch bauliche Maßnahmen spätere Schäden, z.B. durch Grundwasser, zu vermeiden. Der Architekt klärt, welche Auflagen es für das Grundstück gibt und führt erste Vorverhandlungen mit den Behörden. Liegt es in einem Schutzgebiet, das Wasser- oder Naturreservoirs schonen soll? Vielleicht gelten für die alte Werkstatt, die noch auf dem Grundstück steht, Bestimmungen der Denkmalpflege. Außerdem beachtet der Architekt beim Entwerfen etwaige Vorschriften wie den Abstand zu angrenzenden Straßen, Gewässern oder Bewaldungen.

Anhand der Planungsunterlagen des Vorentwurfs wird eine Kostenschätzung nach DIN 276 erstellt.

Die Entwurfsplanung
In der Entwurfsplanung werden die Ergebnisse aus der Vorplanung ausgearbeitet. Alle zuvor besprochenen Aspekte, wie Hausform und -größe, Ausrichtung, Dachform, Konstruktion und Aufteilung der Räume, gilt es nun zu optimieren und zu entwickeln.

Der Architekt zeichnet das Haus im Grundriss, in Seitenansichten und Schnittdarstellungen, üblicherweise im Maßstab 1:100. Durch Pläne und Modelle kann sich der Bauherr nun die einzelnen Räumlichkeiten des Hauses vorstellen. Dem Architekten dient der Entwurf als Grundlage für eine aktualisierte Kostenübersicht. Mit dieser Kostenberechnung werden die Gesamtkosten genauer bestimmt, d.h., die Kostengruppen sind detailliert aufgeführt. Jetzt ist abzusehen, ob das Haus mit dem angestrebten Budget realisierbar ist. Die tatsächliche

Baukostensumme lässt sich annäherungsweise bestimmen. Hier sollte eine abschließende Feinabstimmung stattfinden. Etwa ob man zugunsten von etwas mehr Wohnfläche an dem Ausbaustandard spart.

Außerdem müssen gegebenenfalls Verhandlungen mit den Behörden aufgenommen werden; die Bebaubarkeit des Grundstücks ist bis hin zur exakten Lage des Hauses zu klären.

In Bezug auf Auflagen seitens der Behörden ist die Bauleitplanung besonders wichtig. Falls es einen rechtsverbindlichen Bebauungsplan für ein Grundstück gibt, darf dort gebaut werden, es gilt als Bauland. Die Bauleitplanung ist in zwei Stufen unterteilt. Als erste Stufe stellt der Flächennutzungsplan als sogenannter vorbereitender Bauleitplan die generellen räumlichen Planungs- und Entwicklungsziele dar. Der Bebauungsplan, die zweite Stufe, ist ein verbindlicher Bauleitplan und legt fest, was in welcher Form gebaut werden darf. In einem solchen Plan ist in der Regel die Dichte und Art der Bebauung festgelegt, also ob z.B. Einfamilien- oder Reihenhäuser errichtet werden können. Wichtig sind auch die gestalterischen Vorgaben. Sie beginnen bei allgemeinen Bestimmungen, wie etwa der maximalen Anzahl der Geschosse oder der Form und Neigung des Dachs, und gehen bis hin zur Farbe der Dachdeckung.

Ziel eines Bebauungsplans ist es, ein Areal zu parzellieren, bau- und verkehrsrechtlich zu erschließen und die Ausnutzung der Flächen zu regeln. Ist kein Bebauungsplan vorhanden, muss sich die Bebauung gemäß § 34 BauGB in die umgebende Baustruktur einpassen. Hier sind oftmals ausführliche Gespräche mit den Behörden nötig, um die Möglichkeiten auszuloten. Diese Aufgabe übernimmt der Architekt.

Ein weiterer wichtiger Punkt, der von ihm ausgearbeitet wird, ist die Erschließung des Grundstücks. Sie umfasst im Großen und Ganzen alle Versorgungs- und Transportwege zum Grundstück hin und von ihm weg. Dazu zählen Verkehrswege wie Straßen, Bürgersteige, Parkplätze, aber auch die Leitungen für Wasser, Abwasser, Gas und Strom sowie für Telefon, Fernsehen und Internet. Fehlt die Erschließung ganz oder teilweise, entstehen dem Bauherrn möglicherweise zusätzliche Kosten. Die verschiedenen Erschließungen führen in der Regel durch den öffentlichen Raum. Für diesen ist die Kommune zuständig. In welchem Umfang sie den Bauherrn an den Kosten beteiligt, ist je nach Kommunalabgabengesetz unterschiedlich. Die Kosten der Hausanschlüsse für die Versorgungsleitungen richten sich nach den Preisen des jeweiligen Versorgungsträgers.

Die Entwurfsplanung spricht der Architekt nach Fertigstellung nochmals mit dem Bauherren durch bzw. stimmt sie mit ihm ab.

Die Genehmigungsplanung

Im nächsten Schritt arbeitet er die Genehmigungsplanung, auch Eingabeplanung genannt, aus. Sie beinhaltet alle Arbeiten, die zur Erstellung eines Bauantrags erforderlich sind. Ziel ist die Erteilung einer Baugenehmigung. Der Bauantrag besteht in der Regel aus folgenden Teilen: amtlicher Lageplan mit den eingetragenen Abstandsflächen, Eingabeplan mit Grundrissen, Ansichten und Schnitten im Maßstab 1:100, Baubeschreibung, Bauantragsformular, statistischer Erhebungsbogen, Wärmeschutznachweis, Standsicherheitsnachweis, Berechnung der Grundfläche und Geschossflächenzahl des umbauten Raumes sowie der Nutz- und Wohnfläche.

Die Genehmigungsplanung darf in Deutschland nur von einem bauvorlageberechtigten Planer eingereicht werden. Die Berechtigung ist in der jeweiligen Landesbauordnung definiert, so gibt es z.B. in Bayern eine Unterscheidung in eine große und eine kleine Bauvorlageberechtigung.

Ein Bebauungsplan schreibt die rechtlichen Bedingungen nicht bis ins letzte Detail fest. Gibt es keinen Bebauungsplan, so muss die Planung, wie oben bereits erwähnt nach § 34 BauGB an die Umgebung angepasst werden. Der Spielraum für die Bebauung ist größer, allerdings können die Vorgaben unter Umständen subjektiv vom jeweiligen Bearbeiter in der Behörde ausgelegt werden. Hier ist es oft sinnvoll, vor dem Einreichen der Genehmigungsplanung eine Bauvoranfrage zu erstellen. Im Vorbescheid können Einzelfragen in Bezug auf das Bauvorhaben geklärt werden. Diese Anfrage ist kostenpflichtig, wird aber später in der Regel bei den Gebühren für die Baugenehmigung gutgeschrieben. Die Behörde erhält einen Vorabzug der Pläne und klärt, ob die gewünschten Abweichungen zulässig sind. Die Antwort der Behörde ist verbindlich, auch wenn das Einverständnis keine umfassende Baugenehmigung darstellt. Die Behörde könnte später eine Genehmigung in Bezug auf andere Details verweigern. Der Architekt hat die Pflicht, den Bauherrn über diese Möglichkeiten zu informieren.

Die Einreichung einer Bauvoranfrage ist nicht vorgeschrieben, sie ermöglicht allerdings eine größere Sicherheit bei der Planung und kann später das Verfahren zur Erteilung der endgültigen Baugenehmigung erleichtern.

Je nach Bundesland sind die Anforderungen und Bearbeitungszeiten einer Baugenehmigung unterschiedlich. Die Baubehörde prüft, ob alle baurechtlichen Bedingungen und alle Bestimmungen zur Sicherheit erfüllt sind, und erteilt dann eine Baugenehmigung. Sind in der Baugenehmigung keine anderen Fristen bestimmt, so erlöschen diese Genehmigungen, wenn innerhalb von drei Jahren nach Erteilung der Genehmigung nicht mit der Ausführung des Bauvorhabens begonnen wird. Die Frist kann verlängert werden, wenn der Antrag vor Ablauf der Geltungsdauer gestellt wird.

Bauvorhaben können auch unter bestimmten Voraussetzungen vom Genehmigungsverfahren freigestellt sein. Die Voraussetzungen sind in den jeweiligen Landesbauordnungen festgeschrieben. In Bayern können beispielsweise Wohngebäude geringer und mittlerer Höhe, eingeschossige gewerbliche Lagergebäude und Gebäude geringer und mittlerer Höhe, die neben der Wohnnutzung teilweise oder ausschließlich freiberuflich oder in vergleichbarer Weise gewerblich genutzt werden, genehmigungsfrei errichtet und verändert werden. In diesen Fällen kann bereits einen Monat nach Vorlage der erforderlichen Unterlagen bei der Genehmigungsbehörde mit dem Bau begonnen werden. Jedoch müssen die Unterlagen für dieses Verfahren von einem Planer mit Bauvorlageberechtigung eingereicht werden.

Diese Freistellung vom Genehmigungsverfahren ermöglicht zwar einen raschen Baubeginn, aber auch hier sind natürlich die gesetzlichen Vorschriften einzuhalten. Da diese nun nicht von der Genehmigungsbehörde geprüft werden, muss der Bauherr selbst auf die Einhaltung aller Vorschriften achten und alle sonstigen erforderlichen Genehmigungen einholen (Naturschutz, Denkmalschutz etc.).

Unbedingt erforderlich ist die Planung des Tragwerks durch einen Statiker. Ausgehend vom Entwurf des Architekten, berechnet der Statiker, wie die tragenden Teile der Konstruktion, Wände, Decken und eventuell Stützen, beschaffen sein müssen, damit sie Lasten aufnehmen und ableiten können. Mit seiner Unterschrift bescheinigt der Statiker, dass die Konstruktion und die Gründung des Hauses sicher sind. In vielen Fällen hat der Architekt einen Statiker bei der Hand, mit dem er normalerweise zusammenarbeitet. Die Dienste eines Statikers werden nach der HOAI berechnet.

Im juristischen Sinne stellt der Bauherr den Antrag auf Baugenehmigung, er unterschreibt den Bauantrag.

Gemäß der vertraglichen Vereinbarung über die Zusammenarbeit, schuldet der Architekt dem Bauherrn eine dauerhaft genehmigungsfähige Planung, was aber nicht bedeutet dass der Entwurf tatsächlich genehmigt wird. Darüber entscheidet die Baubehörde. Der Architekt wird jedoch dafür Sorge tragen, dass alle Auflagen erfüllt sind. Er hat die Pflicht, den Bauherrn über diese zu informieren. Wird eine Baugenehmigung nicht erteilt und ist das nach Auffassung des Bauherrn nicht rechtens, muss der Bauherr selbst Widerspruch einlegen.

Die Baugenehmigung ist kostenpflichtig. Ihr Preis richtet sich nach dem Bauvolumen.

Die Ausführungsplanung

Bis zur Baueingabe sind Zeichnungen im Maßstab 1:100 angefertigt worden. Damit aber die ausführenden Firmen nach Plan arbeiten können, müssen die Zeichnungen in einem größeren Maßstab ausgearbeitet werden. Schwerpunkt der Ausführungsplanung ist die Erstellung von sogenannten Werkplänen: Grundrisse und Schnitte im Maßstab 1:50, Details von Maßstab 1:20 bis 1:1. Der Architekt fertigt die Zeichnungen so an, dass sie von den Ausführenden, also von den Handwerkern, als Vorlage benutzt werden können. Beim Zeichnen der Vorlagen für den Rohbau müssen auch die späteren Installationen, etwa für Heizung und sanitäre Anlagen, berücksichtigt werden. In dieser Leistungsphase arbeitet der Architekt größtenteils ohne den Bauherrn. Dennoch kann über die Wahl der Detailausbildung die Gestaltung des Hauses bestimmt werden, sodass solche Entscheidungen immer wieder in Gesprächen mit dem Bauherrn erörtert werden.

Abschließend werden die Grundrisse, Schnitte und Ansichten mit dem Bauherrn durchgesprochen und durch seine Unterschrift freigegeben. Die Ausführungsplanung ist für den Architekten sehr zeitaufwendig und wird daher in der Honorarordnung mit 25 Prozent des Gesamthonorars bewertet. Es findet ein meist intensiver Austausch mit Fachleuten wie Ingenieuren, Produktherstellern und ausführenden Unternehmen statt, um Detailpunkte abzustimmen und zu lösen. So müssen zum Beispiel die für die Haustechnik notwendigen Schächte, Vorwände und Durchbrüche in den Grundriss integriert werden. Der Architekt entwickelt und zeichnet dazu alle wichtigen Anschlussdetails. Er entwirft Ausbauelemente, wie Treppengeländer und arbeitet die Planung aus, d.h., er stimmt statische Erfordernisse (Absturzsicherung) und bauliche Erfordernisse (Platzbedarf) mit den Gestaltungswünschen des Bauherrn (Glasbrüstung oder Stahlgitter) ab. Auch die Bodenaufbauten werden unter Berücksichtigung des gewünschten Oberbelags (z.B. Parkett oder Fließen), der Heizungsart (z.B. mit Fußbodenheizung) und der vorhandenen bauphysikalischen Situation (Dämmung des Kellerbodens oder Trittschallanforderungen) festgelegt.

Vorbereitung der Vergabe

Der nächste Schritt ist die Vorbereitung der Vergabe, d.h. der Auftragsvergabe an die einzelnen Handwerksfirmen, die Gewerke. Der namentliche Auftraggeber ist der Bauherr. Die Vorbereitung und Auswertung der Ausschreibung übernimmt der Architekt.

Der Plan des Hauses wird übersetzt in eine ausführliche Liste aller Arbeitsschritte. Diese Liste wird als Leistungsverzeichnis (LV) bezeichnet. Die Verzeichnisse führen für jedes Gewerk zwei Angaben auf: einerseits die Arbeit (die Leistung, z. B. Außenwand gemauert), die zu erledigen ist, andererseits die Menge der zu erbringenden Leistung (z.B. m3 Ziegelstein). Es wird zum Beispiel berechnet, wie viele Kubikmeter Mauerwerk für die Außenwände benötigt oder, wie viele Fenster und Türen eingebaut werden. Diese Massenermittlung erfolgt für jeden Handwerksberuf getrennt. In den Leistungsverzeichnissen werden der Einzelpreis und der Gesamtpreis

für eine Leistung abgefragt. Kommt es nun aufgrund von Änderungswünschen zu einer Massenmehrung kann der Architekt die gerechtfertigten Mehrkosten rechnerisch (zusätzliche Fläche x Quadratmeterpreis) ermitteln.

Die für alle Gewerke erstellten Leistungsverzeichnisse müssen nun zur Angebotsabgabe an mehrere Firmen verschickt werden. Im Idealfall kennt der Architekt die regionalen Handwerksfirmen aufgrund seiner bisherigen Arbeit. Darum wird er dem Bauherrn Firmen und Handwerker empfehlen, die preiswert, solide und zuverlässig das Geforderte ausführen können. Der Bauherr kann die Liste der anzuschreibenden Handwerksfirmen erweitern oder abändern. Beim Einholen der verschiedenen Angebote kommt es auf die Vergleichsmöglichkeit an. Es ist klar, dass immer mehrere Firmen angeschrieben werden, aber wie viele sollten es sein? Auch diese Frage sollte der Architekt beantworten, denn durch seine Tätigkeit kennt er die Entwicklung der regionalen Preise und kann sagen, inwiefern die eingehenden Angebote aussagekräftig für den gesamten Markt sind. Die Ausschreibungsunterlagen in Form der Leistungsbeschreibungen sendet er also an verschiedene Handwerksfirmen einer Branche mit der Bitte, ihr Angebot einzureichen.

Mitwirkung bei der Vergabe

Für die Vergabe stellt der Architekt alle Angebote in einem Preisspiegel zusammen. Er prüft, ob die Handwerksfirmen auf alle geforderten Leistungen geantwortet haben. Die Preise für die einzelnen LV-Positionen müssen geprüft und untereinander verglichen werden. Oftmals bieten Firmen Leistungen verteuert an, von denen sie hoffen, dass diese in größerer Zahl zur Ausführung kommen und gleichen dies in anderen Bereichen durch absolute Niedrigpreise aus, die unter Umständen zwar optional ausgeschrieben wurden, aber nicht ausgeführt werden. Firmen können mit ihrer Offerte auch alternative Lösungen anbieten, die es wert sind, berücksichtigt zu werden. Über eine klug angelegte Ausschreibung erhält man genügend Angebote, deren Vergleich eine gute strategische Möglichkeit für Einsparungen bietet. Jetzt kann man noch einmal über Materialfragen diskutieren und günstige Lieferanten suchen. Der Preis allein sollte jedoch nicht entscheidend sein. Zuerst stellen sich Fragen nach der Qualität: Hat die Firma schon Erfahrung im Umgang mit bestimmten Materialien oder Verfahren? Welche Referenzen hat sie? Dann muss die Zuverlässigkeit geprüft werden: Kann man davon ausgehen, dass die Firma die Arbeit in der vorgegebenen Zeit unter den vereinbarten Bedingungen erledigt, kann sie also die Ausführungsfristen einhalten? Ist sie von Insolvenz bedroht? Schließlich muss noch der Preis geklärt werden: Immer mit den Gesamtkosten im Blick, diskutieren jetzt Architekt und Bauherr die Angebote, stellen verschiedene Kombinationen zusammen und erwägen so, wer den Zuschlag erhält. Kann man sich nicht für einen Anbieter entscheiden, sollte man noch einmal in Nachverhandlungen mit den Firmen, die in der engeren Wahl sind, treten. Gerade hier ist der Architekt der erfahrene Verhandlungsführer des Bauherrn. Besonders bei Individuallösungen können die Verhandlungen um günstige Preise sehr aufwendig sein. Wenn feststeht, wer welche Arbeiten übernimmt, erteilt der Bauherr den Handwerksfirmen den Auftrag.

Die tatsächlich zu erwartenden Baukosten lassen sich nun wieder präzisieren. Denn jetzt sind die für die Arbeitsaufträge vereinbarten Preise bekannt. Der Architekt führt den Kostenanschlag nach DIN 276 durch. Die Bausumme ist nun durch die eingeholten Angebote verifiziert und sehr exakt festgelegt. Hier besteht jetzt die Möglichkeit, durch Änderungen im Ausbau oder die Übernahme von Eigenleistungen die tatsächliche Bausumme nach unten zu korrigieren.

Die Bauarbeiten

Sind die Vorbereitungen abgeschlossen, beginnen die Bauarbeiten. Der Architekt übernimmt die Bauleitung, seine Aufgaben sind die Koordination und Kontrolle der Bauarbeiten. Die Bauleitung kann auch ein anderer Architekt oder auch ein Ingenieur übernehmen. Diese Handhabung ist zum Beispiel dann sinnvoll, wenn der planende Architekt nicht vor Ort ist. Generell ist es jedoch empfehlenswert, Planung und Bauleitung in einer Hand zu belassen. Während der Bauleitung kontrolliert der Architekt, dass die Ausführung mit der Baugenehmigung und den Ausführungsplänen übereinstimmt, die Vorgaben aus den Leistungsbeschreibungen eingehalten werden, aber auch, dass gemäß den allgemein anerkannten Regeln der Technik und den einschlägigen Vorschriften gebaut wird.

Es gibt sehr viele unterschiedliche Bauweisen, die jeweils ihre eigenen Arbeitsabläufe bedingen. Im Folgenden wird der Bauablauf für ein Einfamilienhaus exemplarisch skizziert: Auf die Erdarbeiten, also den Aushub der Baugrube, folgt der Rohbau. Dazu gehören die Maurer- und Betonarbeiten. Es folgen die Zimmerleute, die die Holzkonstruktion für den Dachstuhl anfertigen, sowie die Dachdecker. Danach werden die Fenster gesetzt, um das Haus wetterfest zu machen. Nun können die Innenarbeiten beginnen: die Installation der Leitungen für Heizung und Sanitär sowie die Verlegung der Elektroleitungen. Gleichzeitig kann außen weitergearbeitet werden, je nach Wandaufbau erfolgt nun die Anbringung des Wärmedämm-Verbundsystems (WDVS), das Verputzen und Streichen der Außenwände oder das Anbringen einer Klinkerschale. Im Innern werden die Wände ebenfalls verputzt, der Bodenaufbau, bestehend aus Dämmung und Estrich, wird eingebracht, der Schreiner setzt die Türen ein. Es folgen der Maler und der Fliesenleger. Danach können in den Bädern die Sanitärgegenstände installiert und Schalter und Steckdosen montiert werden. Nun schließen sich noch die Schlosserarbeiten an Treppen und Balkonen sowie das Verlegen der Bodenbeläge wie Parkett und Teppich an.

Es sind also viele Handwerker im Einsatz und der Architekt muss hier genau koordinieren und disponieren, damit alles zügig und sinnvoll aufeinanderfolgt. Dazu erstellt er den Bauzeitenplan, meist in Form eines Balkendiagramms. Er sorgt für Ersatz, falls eine Firma den Auftrag doch nicht übernimmt, und achtet darauf, dass die Handwerker ihre Leistung fristgerecht, im vereinbarten Umfang und in entsprechender Qualität abliefern. Bereits während die Arbeiten im Gange sind, kontrolliert er, ob sie tatsächlich mit den im Auftrag festge-

schriebenen Leistungen und Materialien übereinstimmen. Er überprüft, ob Fehler bei der Ausführung auftreten, denn je eher diese erkannt werden, desto leichter lassen sie sich beheben. Wird z.B. beim Verlegen der Fliesen nicht sauber gearbeitet, kann bei sofortiger Beanstandung ohne großen Aufwand nachgearbeitet werden. Ist jedoch der Mörtel bereits getrocknet und müssen die Fliesen wieder abgeschlagen werden, kommt es zu hohem Material- und Zeitaufwand. Dabei entstehen Kosten, um deren Übernahme oft langwierig gestritten werden muss.

Unter gewissen Voraussetzungen schreibt die Baustellenverordnung vor, dass ein Sicherheits- und Gesundheitskoordinator (kurz: SiGeKo) bestellt werden muss, der für die Sicherheit auf der Baustelle sorgt. Rein rechtlich gesehen, ist die Einhaltung der Baustellenverordnung die Aufgabe des Bauherrn, der Architekt wird ihn beraten, welche Maßnahmen erforderlich sind und ob ein Koordinator nach Baustellenverordnung hinzuzuziehen ist. Hat der Architekt die entsprechende Qualifikation, kann er die Sicherheits- und Gesundheitsschutzkoordination übernehmen, die jedoch gesondert zu vergüten ist.

Der Architekt kontrolliert regelmäßig die Bauarbeiten. Um zu vermeiden, dass aufgrund fehlender Absprache einzelne Aufträge und nachträglich angewiesene Arbeiten nicht mehr nachvollziehbar sind und damit Mehrkosten für Nachträge nicht mehr kontrolliert werden können, sollte man mit dem Architekten darin übereinkommen, dass nur er Weisungen an die Handwerker gibt. Änderungswünsche werden immer schriftlich dokumentiert. Der gemeinsame Gang von Bauherr und Architekt über die Baustelle sollte die Regel sein.

Ist die Arbeit eines Gewerks fertig gestellt, muss sie abgenommen werden. Diese Abnahme ist zunächst eine bautechnische Kontrolle, die sicherstellen soll, dass die vereinbarte Leistung in vollem Umfang und mängelfrei erbracht worden ist. Der verantwortliche Handwerker und der Architekt bzw. Bauleiter überprüfen gemeinsam die geleistete Arbeit. Maßgabe ist der Auftrag, hinzu kommen die zusätzlich vereinbarten Arbeiten, die sogenannten Nachträge. Der Architekt prüft, in welchem Umfang das Vereinbarte erfüllt worden ist, wobei es je nach Gewerk gewisse Toleranzen gibt, in deren Rahmen die Arbeiten als erfüllt angesehen werden. Außerdem achtet er auf Mängel: Dies können fachliche Mängel, aber auch optische Beanstandungen sein. Der Architekt hält in einem Protokoll fest, was der Ausbesserung bedarf, und der Handwerker arbeitet nach. Solange Mängel auszumachen sind, d.h. die Abnahme der Leistung nicht erfolgt ist, muss der Bauherr noch ausstehendes Entgelt nicht entrichten. Er bestätigt schließlich mit seiner Unterschrift, dass die Leistung erbracht worden ist. Damit gilt sie auch rechtlich als abgenommen. Der Handwerker stellt daraufhin seine Schlussrechnung. Der Architekt verzeichnet in einer Liste die Frist mit dem genauen Ablaufdatum für einen Gewährleistungsanspruch gegenüber der Handwerksfirma.

Der Architekt führt während seiner Bauleitung ein Bautagebuch. Das ist eine Art Logbuch, in dem alle Vorkommnisse verzeichnet werden, die Einfluss auf den Ablauf der Arbeiten haben. Falls es später zu Gewährleistungsansprüchen kommen sollte, kann man diese Aufzeichnungen heranziehen, um die Bedingungen nachzuvollziehen, unter denen eine Arbeit zustande gekommen ist. Dazu gehören auch die Witterungsverhältnisse oder andere Störungen der Arbeitsabläufe wie z.B. Verzögerungen durch Lieferprobleme oder die unzureichende Qualität des gelieferten Materials.

Der Architekt beaufsichtigt auf der Baustelle den Fortgang und die Ergebnisse der Arbeiten. Er ist zudem eine Art Buchhalter, der die Entwicklung der Baukosten überwacht. Er überprüft alle Rechnungen, die die Handwerker oder Lieferanten einreichen. Das bezieht sich sowohl auf die Teilrechnungen bei noch andauernden Arbeiten als auch auf die Schlussrechnung, wenn die Leistung vollständig erbracht ist. Die Rechnungen müssen den vereinbarten Konditionen entsprechen sowie rechnerisch und inhaltlich richtig sein. Auch bei dieser Prüfung profitiert der Bauherr von der Sachkenntnis und Erfahrung seines Architekten. Am Ende, nachdem alle Schlussrechnungen und Rechnungsbelege bei ihm eingegangen sind, stellt der Architekt die tatsächlichen Baukosten fest. Er tut dies im Rahmen der Kostenfeststellung nach DIN 276.

Nach Fertigstellung des Objekts übergibt der Architekt alle zur Nutzung des Hauses erforderlichen Unterlagen, zum Beispiel Bedienungsanleitungen, an den Bauherrn.

Der Abschluss des Hausbaus

Nun sammelt der Architekt alles, was die Entstehung des Hauses dokumentiert, also alle Zeichnungen, Gutachten, Protokolle, Rechnungen, Belege usw. Bei ihm verbleiben die Originalpläne und Berechnungen und das, was zum Schriftverkehr zwischen Bauherr und Architekt gehört. Der Bauherr erhält oder besitzt schon Kopien der Pläne, Zeichnungen, Leistungsverzeichnisse, Genehmigungen, Gutachten, Lagepläne sowie der Verträge mit den Handwerksfirmen und der Rechnungen.

In der Regel laufen die Gewährleistungszeiten für die Arbeiten der Gewerke bis zu fünf Jahre nach der Abnahme. Der Architekt erstellt eine Liste mit den Terminen der Gewährleistungsfristen und weist den Bauherrn auf das Ablaufen der Fristen hin.

Werden vor Ablauf der Verjährungsfristen der Gewährleistungsansprüche Mängel festgestellt, macht der Architekt für den Bauherrn die Ansprüche gegenüber dem Handwerker geltend und überwacht die fachgerechte Beseitigung der Mängel.

Der Hausbau ist nun abgeschlossen, die Zusammenarbeit mit dem Architekten beendet. Der Architekt ist für den Bauherrn Planer, Berater und Organisator gewesen, vor allem aber eins: ein Ansprechpartner, mit dem zusammen er sein Haus entwickelt und verwirklicht hat.

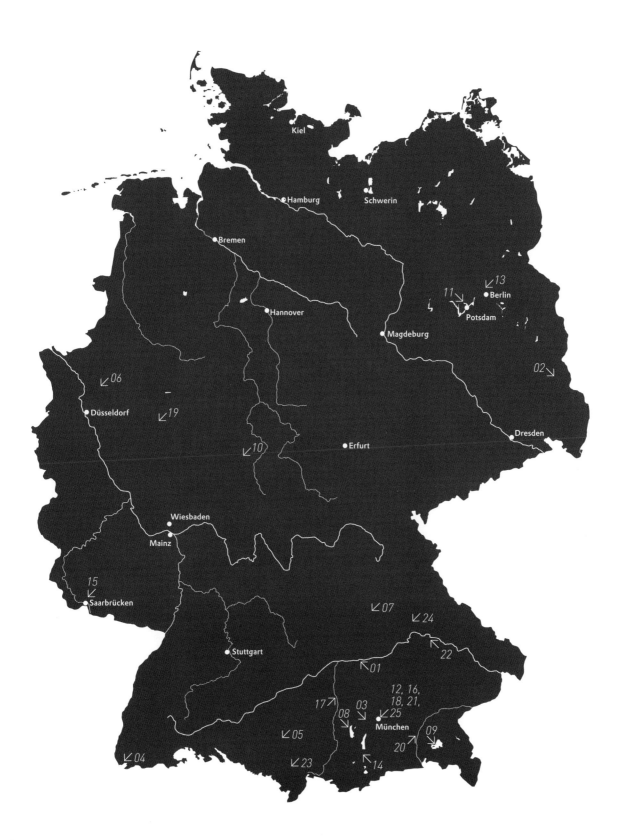

Jedes der auf den folgenden Seiten dargestellten Projekte ist mit beschreibendem Text und kleiner Baudatenübersicht versehen, Zeichnungen von Grundrissen und Schnitten erklären das Gebäude. Der von den Bauherren und Architekten beantwortete Fragenkatalog, der vollständig in den Innenklappen abgedruckt ist, gewährt Einblicke in die Zusammenarbeit. Um die Projekte untereinander vergleichen zu können, sind alle Pläne im Maßstab 1:250 dargestellt.

Projektbeispiele

Architekt	M. Omasreiter Architekturbüro
Bauherr	Susanne und Dr. Stefan Dick
Nutzung	Einfamilienhaus, Neubau mit Garage
Wohnfläche	191,19 m²
Nutzfläche	191,19 m² und 54,70 m² (Garage)
Lichte Raumhöhe	ca. 2,80 m (EG), ca. 2,20 m bis 3,50 m (OG)
Konstruktion	Stahlbetonkonstruktion (UG), Ziegelmassivbauweise (EG, OG), Sparrendach als Holzkonstruktion
Grundstücksfläche	1.068,00 m²
Baukosten	1.571,00 €/m²
Bauzeit	06/2003–01/2004

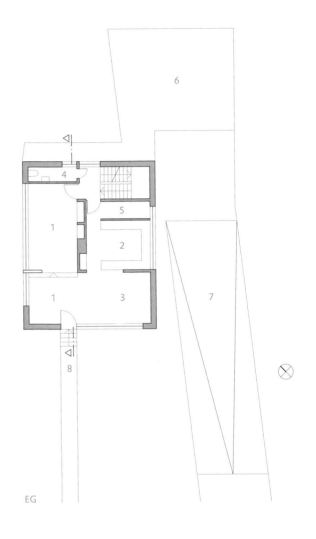

EG

1	Wohnen	5	Speisekammer
2	Kochen	6	Garagendach, extensiv begrünt
3	Essen		
4	WC	7	Auffahrt

Das Haus einer Familie mit zwei kleinen Kindern befindet sich auf einem polygonalen Grundstück, an dessen Nordseite eine Regionalbahnlinie angrenzt. Eine leichte Senke zwischen Straße und Bahndamm bewirkt einen Niveauunterschied von ca. 1,30 m und bedeutete eine Schwierigkeit für die Bebauung. Es gab nur einen unmittelbar angrenzenden Nachbarn, das Grundstück war bereits durch bestehende Bäume und Büsche eingewachsen. Die Lage des Hauses erlaubte zu allen Seiten einen größtmöglichen Abstand zu den Nachbargrundstücken und zur Straße.

Die äußere Gestalt des Hauses ist durch die heterogene, aus den 1960er Jahren stammende umliegende Bebauung bedingt. Der fehlende Dachüberstand, die integrierte Dachrinne und die zurückhaltende Farbgebung des mineralischen Putzes in einem hellen Beigeton in Kombination mit den Fensterproportionen unterstreichen diesen Ansatz, weisen aber zugleich auf die eigentliche Entstehungszeit hin.

Das Haus hat zwei Zugangsmöglichkeiten: Zum einen führt ein kurzer Fußweg von der Straße quer durch den Garten direkt zu der Glasdrehtür des dahinter liegenden Wohn- und Essraums. Zum anderen gelangt man über eine breite, gekieste Zufahrt zum Haupteingang und zur Garage mit Fahrradkeller. Bedingt durch den Niveauunterschied erstreckt sich das Erdgeschoss über zwei Ebenen und ist erst über drei Stufen zu erreichen. Obwohl die drei Haupträume dort für Wohnen, Essen und Kochen durch große Wandöffnungen ineinander übergehen, können sie

aufgrund der Niveauunterschiede als eigenständige Raumeinheiten wahrgenommen werden. Die noch fehlenden Schiebetüren sollen diesen Eindruck unterstützen. Das Obergeschoss besteht aus drei gleich großen Einzelräumen. Hier haben die Eltern ihr Schlafzimmer mit eigenem Bad, jedes Kind hat ein Zimmer und es gibt ein weiteres Bad für beide Kinder. Ähnlich wie der

Essraum im Erdgeschoss erhalten sie durch die Raumhöhe einen großzügigen Charakter. Im Untergeschoss wurde das Gefälle genutzt, um ein Arbeitszimmer und einen Hauswirtschaftsraum bzw. ein Gästezimmer mit Fenstern zu belichten. Hier könnte bei Bedarf auch eine Einliegerwohnung entstehen.

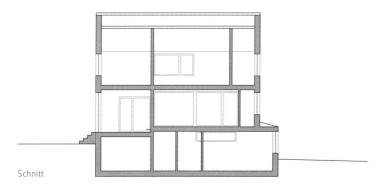

Schnitt

Der fehlende Dachüberstand, die integrierte Dachrinne und die zurückhaltende Farbgebung des mineralischen Putzes in einem hellen Beigeton in Kombination mit den Fensterproportionen sind durch die umliegende, heterogene Bebauung aus den 1960er Jahren bestimmt.

Obwohl die drei Haupträume für Wohnen, Essen und Kochen durch große Wandöffnungen ineinander übergehen, können sie aufgrund der Niveauunterschiede als eigenständige Raumeinheiten wahrgenommen werden.

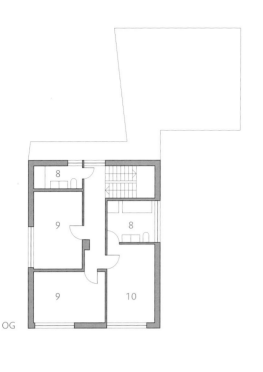

OG

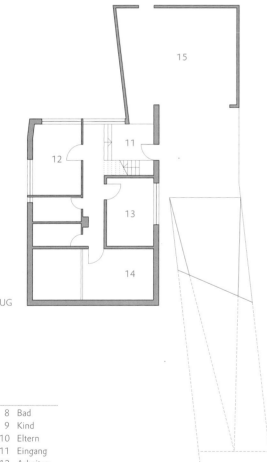

UG

8 Bad
9 Kind
10 Eltern
11 Eingang
12 Arbeiten
13 Gast
14 Lager
15 Garage

Der Bauherr

Entscheidung für ein eigenes Haus
Wir haben schon während eines längeren USA-Aufenthalts in einem allein stehenden Einfamilienhaus gelebt und wollten deshalb von diesem Standard keine Abstriche mehr machen. Nach einigen Besuchen von Bauträgerausstellungen war uns klar, dass sich unsere Wünsche nur in einem individuell geplanten Haus verwirklichen ließen.

Weg zum Architekten
Wir sind beruflich sehr gefordert und hatten deshalb weder Zeit noch Lust, uns mit verschiedenen Handwerkern auseinanderzusetzen und sie zu koordinieren. Wir kannten bereits einige Arbeiten unseres Architekten, zudem hat uns sein Einfallsreichtum überzeugt.

Beginn der Planung
Wir haben den Architekten sofort nach dem Grundstückskauf in unser Projekt einbezogen.

Arbeit des Architekten
Unsere Vorstellungen von den Aufgaben und dem Honorar eines Architekten waren eher beschränkt. Da wir aber keinerlei Ahnung von den Bedingungen des Bauprozesses hatten, wollten wir auf jeden Fall mit einem Architekten bauen.

Bild des künftigen Hauses
Wir hatten sehr genaue Vorstellungen von den Anforderungen unseres Hauses in Bezug auf unsere Raumbedürfnisse. Wir hatten allerdings keine genaue Vorstellung, wie es von außen ausschauen sollte. Wir wussten nur sehr genau, wie es nicht aussehen sollte.

Vermittlung des Entwurfs
Durch Modelle und Zeichnungen wurde uns gut vermittelt, wie unser Haus einmal ausschauen würde. Ein größeres Problem bedeutete für uns, sich die Raumdimensionen vorzustellen. Wir haben etliche Häuser besucht, die ungefähr die Größe unseres Haus besaßen, um uns über Zimmergrößen klar zu werden.

Änderungen der Planung
Es fiel unserem Architekten nicht immer leicht, sich von seinen Lieblingsvorstellungen zu trennen. Es konnte aber immer eine gemeinsame Lösung gefunden werden.

Teilnahme an der Bauphase
Wir legten keinerlei Wert darauf, in die Bauphase einbezogen zu werden. Dies war für uns ein Hauptgrund, einen Architekten zu engagieren: nicht ständig auf einer Baustelle präsent sein zu müssen und uns mit Details auseinanderzusetzen, die uns vollkommen unbekannt sind.

Zeit- und Kostenplan
Der Zeit- und Kostenplan wurde genau eingehalten.

Neues Zuhause
Wir sind sehr glücklich mit unserem neuen Haus und fühlen uns wohl. Zu unserem Architekten besteht auch nach Bauabschluss Kontakt. Es hat nur wenige kleinere Mängel gegeben, die er mit den Handwerkern verhandelt hat. Wir würden auf jeden Fall wieder mit einem Architekten bauen!

Tugenden auf beiden Seiten
Die wichtigsten Tugenden des Architekten sind Flexibilität, Kreativität, Offenheit für andere Wege. Der Bauherr sollte Geduld und Flexibilität mitbringen.

Susanne und Dr. Stefan Dick

Der Architekt

Erstes Treffen
Die Bauherren kannten aus eigener Erfahrung einige Einfamilienhäuser, die unser Büro errichtet hatte. Darauf aufbauend konnten von Anfang an ihre Vorstellungen besprochen werden. Das Grundstück war den Bauherren und mir ausreichend bekannt.

Vorstellungen und Wünsche des Bauherrn
Die Bauherren hatten zuvor einige Jahre in den USA verbracht. Durch ihre Wohnerfahrung dort waren ihnen einige Punkte positiv in Erinnerung geblieben, z. B. der geradlinige Zugang von der Straße zum Haus und der Komfort eines direkten Zugangs von der Garage zum Haus. Das Gesamtbudget war festgelegt, der Einzugstermin stand in etwa fest. Die Bauherren wollten ihren eigenen Aufwand möglichst gering halten.

Ausgangssituation und Vorgaben
Das Gebäude sollte als Teil der vorhandenen Siedlung in Erscheinung treten. Die schwierige Lage in der Senke eines alten Bachbetts mit einem geringen Niveauunterschied führte zu einem kompakten Baukörper mit einer Grundfläche des Erdgeschosses von 100 m². Auch wenn einige sehr präzise Arbeiten erforderlich waren, wie z. B. die des Spenglers, wurde versucht, mit leicht ausführbaren Lösungen zu arbeiten. In gemeinsamer Abwägung hinsichtlich der zeitlichen Planung und der räumlichen Distanz meines Architekturbüros zum Bauort sollte die Ausführung eventuell durch einen Generalbauunternehmer erfolgen können.

Entwurf und Vermittlung
Ausgehend von der vorhandenen Siedlungsstruktur und der räumlichen Situation des Grundstücks ergab sich zuerst die Lage des Gebäudes. Der Niveauunterschied wurde für eine differenzierte Geschossorganisation genutzt, wie er im Höhenunterschied der Wohnräume erkennbar ist. Die Vermittlung des Konzepts erfolgte hauptsächlich über Modelle, zuerst mit einem Umgebungsmodell im Maßstab 1:200 zur Bestimmung der Lage des Baukörpers. Für den weiteren Verlauf der Planungen wurden Raummodelle im Maßstab 1:100 und 1:50 angefertigt. Anhand von Plänen wurden die Belichtung des Hauses und der Sonnenstand überprüft.

Bestimmende Kriterien
Den Rahmen bildete natürlich die Kostenfrage. Thematisiert wurden ebenso die Lage der Innenräume zum Außenraum und ihre innere

Organisation. Das Erscheinungsbild war durch das Einfügen des Baukörpers in die Umgebung vorgegeben.

Beginn der Zusammenarbeit
Es wurden relativ wenige, aber intensive Gespräche geführt. Sie erfolgten vermehrt in der Entwurfsphase, um über Modelle und Zeichnungen das Konzept zu vermitteln. Eine frühzeitige, genaue Baubeschreibung legte die Auswahl der Materialien fest.

Materialien und Verfahrensweisen
Es wurden keine besonderen Konstruktionen oder Materialien vorausgesetzt. Entscheidend war, dass in technischer Hinsicht keine allzu großen Anforderungen an die ausführenden Firmen gestellt wurden, die einer ständigen Kontrolle bedürfen. Daher fiel die Wahl auf eine Massivkonstruktion aus Ziegelmauerwerk.

Leistungsphasen
Es wurden von meinem Büro die Leistungsphasen 1 bis 5 und die „künstlerische Oberbauleitung" ausgeführt. Fragen während der Ausführung wurden von den Firmen an mich und dann an den Bauherrn bzw. umgekehrt weitergeleitet.

Schwierigkeiten und Probleme
In diesem Fall haben mich des Öfteren spontane und schnelle Entscheidungen des Bauherrn überrascht. Dann mussten im Nachhinein und innerhalb sehr kurzer Zeit diese Vorschläge hinsichtlich ihrer räumlichen und technischen Machbarkeit überprüft werden.

Gewinn für den Bauherrn
Ich sehe ihn in der komfortablen Erschließung des Grundstücks und in dem Bezug von den Innenräumen zum Außenraum. Obwohl das äußere Erscheinungsbild scheinbar kaum individuelle Züge aufweist, bietet es der Familie große Identifikationsmöglichkeiten.

Tugenden auf beiden Seiten
Die wichtigste Tugend des Bauherrn besteht darin, dass er trotz seiner wirtschaftlichen Erwägungen die Belange des Bauens für die Öffentlichkeit in seine Überlegungen mit einbezieht. Die wichtigsten Tugenden des Architekten sind, die aktuellen Wünsche des Bauherrn zu erfüllen und gleichzeitig eine Lösung zu finden, die in gestalterischer und funktionaler Hinsicht auch für spätere, veränderte (Lebens-)Situationen Bestand hat.

Markus Omasreiter

Architekt	Keller + Wittig Architekten mit Isabel Mayer
Bauherr	Judith und Danilo Magister
Nutzung	Einfamilienhaus, Neubau
Wohnfläche	125,00 m²
Nutzfläche	77,00 m²
Lichte Raumhöhe	2,30 m bis 2,80 (EG, DG)
Bruttorauminhalt	691,00 m³
Konstruktion	massive Holzbauweise mit Brettsperrholz, Garage aus Ziegelmauerwerk
Grundstücksfläche	837,00 m²
Heizwärmebedarf	37,60 kWh/m²a
Primärenergiebedarf	57,00 kWh/m²a
Baukosten	578,00 €/m² (ohne Eigenleistungen)
Bauzeit	06/2004–12/2004

Schnitt

Auf einem Grundstück in dem südlich von Cottbus liegenden Komptendorf fällt ein ungewöhnliches Haus auf. Eingebettet in eine dörfliche Umgebung steht es am Rande eines Parks, der zu einem ehemaligen Herrenhaus gehört. Mit seiner Platzierung an der westlichen Grundstücksgrenze wird der mächtige Nachbar im Norden auf Distanz gehalten und zugleich eine Zonierung des Gartens erreicht.

Das äußere Erscheinungsbild wird von einem zweigeschossigen Kubus bestimmt, der sich über einem Grundriss von 8,50 x 8,50 m erhebt. An der Westseite befindet sich der mit Holzlatten verkleidete Eingangsbereich, an der nordwestlichen Seite fügt sich übereck die Garage an. Das flach geneigte Zeltdach besteht aus Faserzementplatten, die Dachrinne wird nicht sichtbar geführt. Alle Fenster zeigen auffallend unterschiedliche Formate und sind in ebenfalls unterschiedlichen Höhen und Abständen zueinander angeordnet. Die ihnen zugehörigen Schiebeläden laufen bündig in tiefer liegenden Taschen. Die Schiebeläden und die Fassade sind mit Kratzputz beschichtet, die Taschen dagegen glatt gespachtelt. Das Ungewöhnliche dieses Hauses hat allerdings nicht nur mit seinem Aussehen zu tun, sondern auch mit seiner Entstehungsweise. Oberflächen und Details wurden auf das handwerkliche Geschick des Bauherrn abgestimmt, so dass der Anteil an Eigenleistungen maximiert werden konnte.

Die unregelmäßige Anordnung der Fenster deutet die innere Organisation der Räume bereits an: Sie sind einzelnen Boxen vergleichbar in das Raumvolumen gestellt. Der Blick aus dem Eingangsflur zum First verdeutlicht dieses räumliche Konzept. Die Räume erhalten ferner durch eine eigene Farb- und Oberflächenbehandlung ihren individuellen Charakter. Die jeweilige Raumhöhe richtet sich nach der Nutzung und reicht vom Bad mit 2,30 m bis zum Wohn- und Essbereich von 2,80 m. Die tragenden Innen- und Außenwände sowie die Decke über dem Erdgeschoss wurden aus massiven Holzplatten erstellt. Sie sind diffusionsoffen und sorgen für ein angenehmes Raumklima. Türen und andere Einbauteile bestehen ebenfalls aus Holz, aus massivem oder furniertem Ahorn. Eine Erdwärmeanlage versorgt die Fußbodenheizung und kann später mit der Nutzung von Solarkollektoren kombiniert werden.

1 Kochen
2 Essen
3 Wohnen
4 WC
5 Technik
6 Speisekammer
7 Garage
8 Bad
9 Zimmer

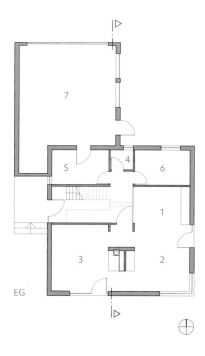

EG

OG

Das äußere Erscheinungsbild wird von einem zweigeschossigen Kubus bestimmt, der sich über einem Grundriss von 8,50 x 8,50 m erhebt.

Die jeweilige Raumhöhe richtet sich nach der Nutzung und reicht vom Bad mit 2,30 m bis zum Wohn- und Essbereich von 2,80 m.

Der Bauherr

Entscheidung für ein eigenes Haus
Mein Mann und ich haben in unserer Kindheit viel Zeit in der Natur einer dörflichen Umgebung verbracht. Deshalb war für uns beide schon seit langem klar, dass wir es niemals in einer Neubauwohnung in der Stadt aushalten könnten.

Weg zum Architekten
Wir haben bei unserem Hausbau besonderen Wert auf einen unabhängigen Kostenbetreuer während der gesamten Bauphase gelegt und dies in einem Architekten gesehen. Durch Mundpropaganda sind wir auf Uwe Wittig aufmerksam geworden und waren von seiner Idee zu unserem künftigen Haus überzeugt. Bei einer Hausbaufirma hätten wir nicht so ein gutes Gefühl gehabt.

Beginn der Planung
Bereits von der Entwurfsplanung bis zur Bauphase 9 arbeiteten wir mit dem Architekturbüro Keller + Wittig zusammen.

Arbeit des Architekten
Wir dachten immer, ein Architekt sei zu kostspielig, aber dann ist uns seine immense Arbeit und Verantwortung bewusst geworden. Wir haben den Umfang seiner Arbeit, die bis ins kleinste Detail geht, gar nicht erahnt. Letztendlich hat er uns viel Arbeit abgenommen und durch ihn haben wir Geld gespart. Vor Baubeginn wussten wir nicht, was ein Architekt bei einer Baubetreuung alles zu tun hat.

Bild des künftigen Hauses
Die Anforderungen an die Haustechnik waren uns von vornherein klar, z. B. Erdwärme, Lüftung, Kamin und ebenso die Raumaufteilung. Wir wussten, dass wir quadratische Zimmer wollten. Der Rest hat sich in gemeinsamer Arbeit prima entwickelt. Ein bestimmtes Bild gab es nicht – das Ergebnis war toll.

Vermittlung des Entwurfs
Die Vermittlung war sehr gut. Hat ein Architekt im Studium auch das Fach Psychologie? Er hat uns mit farbigen Skizzen, einem Modell und ei-

nem Vortrag den Entwurf erklärt. In so einem Haus wollten wir wohnen! Wir haben uns im Büro oder bei uns zu Hause getroffen und oft lange am Telefon Ideen ausgetauscht. Die Entwurfsplanung ging daher extrem schnell.

Änderungen der Planung
Unser Architekt war in der Entwurfsplanung sehr flexibel, er ist immer auf unsere Wünsche eingegangen.

Teilnahme an der Bauphase
Da wir unser Haus mit Hilfe der Familie und Freunde selbst gebaut haben, hätten wir nicht unmittelbarer an der Bauphase beteiligt sein können. Herr Wittig war fast täglich auf der Baustelle, so konnten wir Fragen sofort klären.

Zeit- und Kostenplan
Im Grunde wurde der Zeit- und Kostenplan eingehalten, es gab eine Woche Bauverzögerung. Die Haustechnik ist etwas teurer geworden als vorgesehen, daher konnten die Außenanlagen nicht gleich fertig gestellt werden. Aber wir sind eingezogen und es hat alles funktioniert.

Neues Zuhause
Es ist „unser Haus" geworden, d. h. wir fühlen uns hier richtig wohl. Herr Wittig hat auch weiterhin für unsere Fragen ein offenes Ohr und gibt uns Antworten und Hinweise. Wir würden immer wieder mit einem Architekten ein Haus bauen und es auch jedem raten, der kein normales Haus haben möchte.

Tugenden auf beiden Seiten
Der Architekt sollte die Tugenden Ehrlichkeit und Verlässlichkeit besitzen. Sofern der Bauherr sein Haus selbst baut, ist sein Fleiß beim Bauen wichtig, Vertrauen gegenüber dem Architekten, aber auch Selbstbewusstsein.

Judith und Danilo Magister

Erstes Treffen
Die Bauherren waren mit einem bereits geplanten Fertighausbau unzufrieden. Das Raumprogramm und der Lageplan wurden ausgetauscht. Wir haben unsere Arbeitsweise erläutert und vorgeschlagen, von uns geplante und umgesetzte Einfamilienhäuser zu besichtigen.

Vorstellungen und Wünsche des Bauherrn
Da die Bauherren bereits einen Entwurf hatten, mit dem sie nicht zufrieden waren, wussten sie, was sie nicht wollten. Die Kosten wurden klar begrenzt und das Eigenleistungspotenzial festgestellt. Auch der Zeitplan wurde klar definiert.

Ausgangssituation und Vorgaben
Das unbebaute, recht große Grundstück ist durch eine schwierige Nachbarbebauung in Form einer dreigeschossigen Brandwand des ehemaligen Herrenhauses charakterisiert, die untypisch für das dörfliche Umfeld ist.

Entwurf und Vermittlung
Nach einer „Kennenlern- und Aufwärmphase" wurden zunächst zwei Varianten des Entwurfs mit Handskizzen und Modellen erarbeitet. Später kamen 3-D-Darstellungen und Collagen zum Einsatz, hauptsächlich für den Innenraum. Oberflächenmaterial wurde immer anhand von Mustern gezeigt.

Bestimmende Kriterien
Sehr wichtig war die Ausführungsplanung in Abstimmung mit den Eigenleistungen der Bauherren, da dieser Teil sehr umfangreich war.

Beginn der Zusammenarbeit
Die Bauherren wurden von Anfang an in die Planung einbezogen. Nach dem ersten Gespräch über Raumprogramm und -größe sowie Budget wurden zunächst zwei Entwurfsvarianten erarbeitet. Anhand von Planunterlagen, Modellen und Mustern wurden sie in Abstimmung mit den Bauherren konkretisiert.

Materialien und Verfahrensweisen
Die vorgeschlagene Holzbauweise war sehr gut mit dem hohen Eigenleistungsanteil zu kombinieren. Die Bauzeit ließ sich aufgrund der Trockenbauweise sehr kurz und somit kostengünstig gestalten.

Leistungsphasen
Wir haben alle Leistungsphasen von 1 bis 9 übernommen, bei einer Arbeitszeit von 7 bis 22 Uhr, von Montag bis Sonntag.

Schwierigkeiten und Probleme
Die Kommunikation hat gut funktioniert, es herrschte eine offene Atmosphäre und es war der gemeinsame Wille vorhanden, ein besonderes Haus zu schaffen. Sehr schwierig waren die kurzfristigen Änderungswünsche, die zu einer deutlichen Erhöhung des Planungsaufwands geführt haben. Beim nächsten Mal würden wir die Planung und Ausschreibung früher abschließen, damit der Bauablauf noch reibungsloser funktionieren kann.

Gewinn für den Bauherrn
Einen Gewinn sehen wir vor allem in unserer persönlichen Beziehung zu den Bauherren. Ferner waren im Verlauf des Bauens bei ihnen eine veränderte Haltung zur Architektur im Allgemeinen und eine kritische Auseinandersetzung mit der bebauten Umwelt zu beobachten.

Tugenden auf beiden Seiten
Der Bauherr sollte Offenheit mitbringen, Vorgaben klar formulieren, Wort halten und die Fachkompetenz des Architekten anerkennen. Der Architekt sollte ebenfalls offen sein, sich klar zu allen baurelevanten Themen äußern, die Fristen- und Kostenentwicklung laufend aktualisieren und steuern.

Gewinn für den Architekten
Wir haben Erfahrungen mit einer Lowest-Budget-Planung und Kostensteuerung gemacht – trotz eines gestalterischen Anspruchs.

Keller + Wittig Architekten

Architekt	Klingholz, Fürst & Niedermaier
Bauherr	Christine und Manfred Geier
Nutzung	Einfamilienhaus, Neubau
Wohnfläche	149,00 m²
Nutzfläche	235,00 m² und 28,00 m² (Garage)
Lichte Raumhöhe	2,40 m (EG), bis 4,80 m (OG/Dach)
Bruttorauminhalt	915,00 m³
Konstruktion	Elementbauweise, Dickholztafeln auf Ortbetonkeller
Grundstücksfläche	421,00 m²
Heizwärmebedarf	58,80 kWh/m² a
Baukosten	1.860,00 €/m²
Bauzeit	10/2003–10/2004

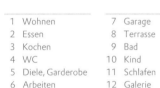

1 Wohnen	7 Garage
2 Essen	8 Terrasse
3 Kochen	9 Bad
4 WC	10 Kind
5 Diele, Garderobe	11 Schlafen
6 Arbeiten	12 Galerie

In Pucheim steht die „Villa Christa", allerdings hat der altmodische Charme des Namens nichts mit dem Gegenstand zu tun. Bei der Positionierung des Hauses und der separaten Garage an der östlichen Seite des Grundstücks musste ein bereits bestehendes Zweifamilienhaus aus den 1960er Jahren berücksichtigt werden.

Die homogene Fassade ist vollständig mit schwarzen Tegalit-Ziegeln umgeben, die durch große Fenster mit Aluminiumrahmen unterbrochen wird. In nur zehn Tagen wurde das Haus auf ein Kellergeschoss aus Ortbeton gesetzt. Wände, Decken und Dachstuhl bestehen aus vorgefertigten Dickholzelementen aus Fichte, die innen unverkleidet blieben. Es folgten die Außenlattung und anschließend die partiell ge-

schraubte Ziegelhülle. Die Südterrasse vor dem Eingangsbereich entstand aus Plattenstreifen als Verbindung zur Rasenfläche des Nachbarhauses. Der Hof an der Ostseite erhielt einen Kiesboden, er wird sich nach und nach entlang der unbehandelten Holzlatten seiner Abschlusswand begrünen.

Zu diesem Hof öffnet sich mit breiten Hebeschiebetüren der große Wohn- und Essbereich. Die Küche wird nur durch die in einer blockhaften Trennwand positionierte Küchentechnik vom Eingang abgeschirmt. Dem warmen Charakter des Holzes innen – insbesondere im Treppenaufgang – steht das geschuppte Äußere als glattes, steinernes Äquivalent entgegen. Das Holz trägt darüber hinaus zu einer äußerst güns-

tigen Energiebilanz bei: Die Bewohner können selbst bei winterlichen Temperaturen auf eine kontinuierlich laufende Heizung im Obergeschoss verzichten. Während hier der Boden aus geseiften Fichtenholzdielen besteht, erhielt das stark frequentierte Erdgeschoss einen leicht zu pflegenden Belag aus imprägnierten Naturasphaltplatten. Die Deckenhöhe im Dachstuhl erlaubt großzügig bemessene Schlafräume sowie eine Oberlichtbeleuchtung für den Flur. Eine zusätzliche Kammer ist über eine schmale Stiege zu erreichen und bietet jenen Rückzugsraum, auf den im Erdgeschoss zugunsten einer familienbezogenen Kommunikation und eines Gästezimmers verzichtet worden war.

Die homogene Fassade ist vollständig mit schwarzen Tegalit-Ziegeln umgeben und durch große Fenster mit Aluminiumrahmen gegliedert.

Wände, Decken und Dachstuhl bestehen aus vorgefertigten Dickholzelementen aus Fichte, die innen unverkleidet blieben.

Der Bauherr

Entscheidung für ein eigenes Haus
Die Hauptgründe zu bauen waren ein geerbtes Grundstück und eine für unsere Familie zu klein gewordene Wohnung.

Weg zum Architekten
Unsere Wünsche und Vorstellungen wären anders nicht zu verwirklichen gewesen. Der Architekt ist uns persönlich bekannt und hat uns seine früheren Projekte gezeigt, sowohl auf Bildern als auch bei den „Architektouren", einer Veranstaltung der Architektenkammer, bei der unter anderem Einfamilienhäuser besichtigt werden können.

Beginn der Planung
Wir haben den Architekten von den ersten Überlegungen an einbezogen, ein Haus auf das vorhandene Grundstück zu bauen.

Arbeit des Architekten
Zuerst hatten wir gar keine Vorstellungen, weder von den Aufgaben eines Architekten noch von seinem Honorar. Wir wussten auch nicht, dass sein Aufgabengebiet so umfangreich ist. Die Bedingungen für den Bauprozess waren uns vor der Abstimmung mit dem Architekten überhaupt nicht klar.

Bild des künftigen Hauses
Wir hatten schon bestimmte Anforderungen, z. B. sollte das Haus offen, hell und kinderfreundlich gestaltet sein. Aber wir hatten keine Vorstellungen, wie dies verwirklicht werden sollte und auch kein Bild, wie das Haus aussehen sollte. Klar war uns jedoch, dass wir ein Haus haben wollten, das sich deutlich von herkömmlichen Häusern bzw. Doppelhäusern abhebt.

Vermittlung des Entwurfs
Die Vermittlung der Entwürfe hat uns sehr gut gefallen. Anhand von Plänen und mehreren Modellen konnten wir uns die immer neuen Ideen und Änderungen sowie irgendwann das fertige Haus sehr gut vorstellen. Entwürfe wurden in persönlichen Gesprächen diskutiert, geändert und unseren gemeinsamen Vorstellungen angepasst.

Änderungen der Planung
Der Architekt war sehr flexibel, blieb aber trotzdem seinem Konzept treu – Probleme und Herausforderungen wurden gemeinsam (und zu aller Zufriedenheit) gemeistert.

Der Architekt

Teilnahme an der Bauphase
Da wir zuvor auf demselben Grundstück gewohnt haben, sind wir sehr gut in die Bauphase einbezogen worden. Wir wurden immer über die Vorgänge auf der Baustelle informiert. Der Architekt war ständig präsent und hat uns auf wichtige Details aufmerksam gemacht.

Zeit- und Kostenplan
Der Kostenrahmen und die Qualität waren für uns sehr wichtig, ein Zeitdruck war nicht gegeben. Ab Baubeginn wurden der Zeit- und Kostenplan sehr gut eingehalten, die erzielte Qualität entspricht unseren Erwartungen und denen unserer Architekten.

Neues Zuhause
Wir fühlen uns sehr wohl, einfach ausgezeichnet. Unser Architekt ist auch jetzt noch unser Ansprechpartner für Fragen „rund ums Haus". Wir würden jederzeit wieder mit einem bzw. diesem Architekten bauen.

Tugenden auf beiden Seiten
Die wichtigste Tugend des Architekten sollte Einfühlungsvermögen sein, wie weit die Flexibilität des Bauherrn geht, um seine Wünsche so umsetzen zu können, dass sowohl der Architekt als auch der Bauherr zufrieden sind. Die wichtigste Tugend des Bauherrn sollte sein, dass er dem Architekten vertraut und so flexibel ist, sich auch einmal von etwas Ungewöhnlichem überzeugen zu lassen.

Lieblingsdetails
Wir lieben den Hof, die riesigen, raumhohen Fenster und die Großzügigkeit der Räume.

Manfred und Christine Geier

Erstes Treffen
Das erste Treffen mit den Bauherren fand vor Ort auf dem Grundstück für das zukünftige Haus statt. Zu diesem Treffen hatten wir die Bauherren im Vorfeld telefonisch gebeten, stichpunktartig festzuhalten, wie sie sich ihr zukünftiges Leben – nicht ihr zukünftiges Haus – vorstellen.

Vorstellungen und Wünsche des Bauherrn
Einerseits war ein exakter, enger Kostenrahmen vorgegeben, der nicht überschritten werden durfte, andererseits gab es einen Wunschtermin für den Einzug, der sich noch innerhalb eines gewissen Zeitraums verschieben ließ. Beide Vorgaben waren für die weitere Arbeit sehr hilfreich, da die knappen Rahmenbedingungen präzise Überlegungen seitens der Bauherren erforderten. Sie fanden Gefallen an dieser intensiven Beschäftigung.

Ausgangssituation und Vorgaben
Ausgangssituation war ein schon mit dem Elternhaus des Bauherrn bebautes Grundstück, die daraus resultierende beengte Situation aufgrund der Abstandsflächen und der vorhandene Bebauungsplan für das Grundstück. Dazu kamen die Vorgaben des Bauherrn zur Größe des Hauses.

Entwurf und Vermittlung
Leitgedanke war, sowohl innen- als auch außenräumlich eine möglichst große Vielfalt an unterschiedlichen Aufenthaltsbereichen für die vierköpfige Familie zu schaffen. Unsere Vorstellungen versuchten wir den Bauherren vornehmlich mit Modellen in unterschiedlichsten Maßstäben von 1:500 bis 1:20 zu vermitteln.

Bestimmende Kriterien
Die Nähe der Baustelle zum Wohnort der Bauherren – sie wohnten im Haus der Mutter auf dem Grundstück – war für die Bauweise und den Bauablauf sehr wichtig, da die Bauherren sowie die Mutter möglichst wenig durch die Bauarbeiten gestört werden wollten.

Beginn der Zusammenarbeit
Die Bauherren wurden von Anfang an in die Planung einbezogen. Durch regelmäßige, in relativ kurzen Abständen stattfindende Treffen mit ihnen haben wir versucht, den Austausch an Informationen zu jedem Zeitpunkt so rege wie möglich zu gestalten.

Materialien und Verfahrensweisen
Die Bauherren wollten vom Gefühl her ein „massives" Haus, jedoch nicht mit den damit verbundenen Nachteilen bezüglich Bauablauf und Dauer der Bauzeit. Daher wurde eine Elementbauweise mit massiven Dickholztafeln gewählt. Diese Entscheidung fiel schon im Laufe des Entwurfsprozesses, so dass wir das Konzept des Hauses speziell darauf zuschneiden konnten. Der Ablauf änderte sich grundlegend und die Bauzeit verkürzte sich sehr, da die Holztafeln innen nicht mehr bearbeitet wurden. Die Kosten für diese Bauweise waren jedoch etwas höher, als wir in den ersten Schätzungen angesetzt hatten. Doch sie konnten durch Einsparungen an anderen Stellen, z.B beim Ausbau wieder ausgeglichen werden.

Leistungsphasen
Wir haben alle Leistungsphasen übernommen.

Schwierigkeiten und Probleme
Die Kommunikation zwischen den Bauherren und uns war zu jeder Zeit des Projekts sehr gut. So war es möglich, bei unterschiedlichen Ansichten einen Konsens zu finden, zu dem dann jede Seite auch wirklich stehen konnte. Es wäre schön, wenn das bei anderen Bauvorhaben ebenso funktionierte.

Gewinn für den Bauherrn
Das Haus verbindet sich durch seinen offenen Erdgeschossgrundriss und seine großen Öffnungen zu allen vier Seiten mit den angrenzenden, unterschiedlichen Freibereichen und bietet so die Möglichkeit, das gesamte Grundstück zu bewohnen. Jeder Bewohner kann seinen individuellen Lieblingsplatz, innen wie außen, finden. Das Ziegelkleid erweist sich aus Sicht der raumklimatischen Verhältnisse wie auch der Instandhaltung als sehr vorteilhaft. Nach Aussagen der Bauherren herrscht sowohl bei großer Hitze als auch bei extremer Kälte immer ein angenehmes Klima im Haus.

Tugenden auf beiden Seiten
Bauherren sollten Geduld, Offenheit für Neues und eine große Portion Humor mitbringen, die Architekten sollten ihrerseits mit Einfühlungsvermögen, Gelassenheit und ebenfalls mit Humor ausgestattet sein.

Klingholz, Fürst & Niedermaier

EINFAMILIENHAUS IN LÖRRACH

Architekt	wilhelm und partner
Bauherr	Evelyn und Dr. Hans-Heinrich Osterhues
Nutzung	Einfamilienhaus, Neubau mit Carport
Wohnfläche	220,00 m²
Nutzfläche	300,00 m²
Lichte Raumhöhe	2,76 m
Bruttorauminhalt	1.288,00 m³
Konstruktion	Massivbauweise, Ziegelmauerwerk
Grundstücksfläche	380,00 m²
Heizwärmebedarf	51,00 kWh/m² a
Primärenergiebedarf	84,50 kWh/m² a
Baukosten	1.100,00 €/m²
Bauzeit	01/2003 – 12/2003

EG

1 Windfang
2 Garderobe
3 Wohnen
4 Kochen
5 Essen
6 WC
7 Speisekammer
8 Arbeiten

Stetten ist ein Stadtteil von Lörrach im baden-württembergischen Dreiländereck. Die dörfliche Umgebung ist durch denkmalgeschütze Bauten geprägt, die zum größten Teil aus dem 19. Jahrhundert stammen. Von dieser dichten, kleinteiligen Bebauung gehen die Bauvorschriften aus, die u. a. nur Gebäude mit einer bestimmten Traufhöhe und Satteldächer zulassen sowie hochstämmige Bepflanzungen aus einheimischen Gehölzen. Dementsprechend wurde auf dem relativ kleinen zu bebauenden Grundstück, das an der südlichen und östlichen Seite von einer bestehenden Mauer begrenzt wird und zuvor Teil einer Obstbaumwiese war, der größte Baum erhalten.

Das freistehende Haus eines Ehepaars mit einer Tochter fügt sich harmonisch in die heterogene Umgebung ein. Sein äußeres Erscheinungsbild wird von einem mit Titanzink eingedeckten Dach mit einer 50-Grad-Neigung, graphitfarbenem Glattputz und geschosshohen Fenstern bestimmt. Die kompakte Bauform mit einer geringen Hüllfläche und wenig Fensterflächen im Norden erzielt in Kombination mit den hochwertigen haustechnischen Anlagen eine günstige Energieeffizienz. Details wie etwa die Trauf- und Ortgangausbildung ohne Dachüberstand oder die aluminiumfarbenen Faltschiebeläden nehmen Bezug auf historische Bauelemente, entsprechen jedoch einer zeitgenössischen Gestaltung.

Im Inneren gehen die in allen Ebenen symmetrisch angeordneten Räume offen ineinander über. Auch die Geschosshöhe von 3 m, der große Luftraum mit Galerie und die raumhohen Türen, zum Teil als Schiebewände konzipiert, zielen auf eine großzügige Raumwirkung. Ferner bewirken die glatt verputzten, weiß gestrichenen Wände zusammen mit dem durchgehenden, dunklen Parkettboden Einheitlichkeit. Während das Erdgeschoss dem Wohnen, Kochen, Essen und Arbeiten vorbehalten ist, sind im Obergeschoss das Elternschlafzimmer mit Ankleide, zwei Kinderzimmer und ein Bad untergebracht. Das Dachgeschoss steht Gästen zur Verfügung, hier befindet sich zudem ein Studio. Die meisten Materialien sind natürliche, z. B. Holz, mineralische Putze und Anstriche. Die Heizungsanlage wird mit Gas betrieben, in allen Räumen ist eine Fußbodenheizung eingebaut.

Das äußere Erscheinungsbild wird von einem mit Titanzink eingedeckten Dach mit einer 50-Grad-Neigung, graphitfarbenem Glattputz und geschosshohen Fenstern bestimmt.

OG

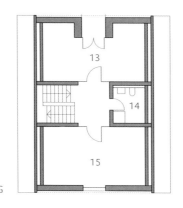

DG

9 Bad
10 Kind
11 Ankleiden
12 Schlafen
13 Gast
14 Dusche, WC
15 Studio

Der Bauherr

Entscheidung für ein eigenes Haus
Der berufliche Wechsel an einen neuen Wohnort gab für uns den Ausschlag dafür, ein eigenes Haus zu bauen. Dort gab es kein geeignetes Objekt weder zum Kauf, noch zur Miete. Wir suchten eine Lage in unmittelbarer Nähe zur Stadt mit einer guten Verkehrsanbindung.

Weg zum Architekten
Bauträgerangebote kamen aufgrund der Ausführungsvorgaben zu unserem Grundstück nicht in Frage. Es erfolgten Kontakte zu mehreren Architekten mit Vorgesprächen und Erstentwürfen. Für die Wahl waren Stimmigkeit des Erstentwurfs und die persönliche Ebene ausschlaggebend.

Beginn der Planung
Der Grundsstückkauf war zum Zeitpunkt der Kontaktaufnahme mit dem Architektenbüro schon abgeschlossen.

Arbeit des Architekten
Das Grundstück stellte aufgrund der geringen Größe, des Bebauungsplans sowie seiner Lage schwierige gestalterische Anforderungen an eine Bebauung. Zugleich hatten wir die Erwartung, dass unsere Wünsche innerhalb eines festgelegten Kostenrahmens verwirklicht werden. Der Architekt sollte für uns Berater sein im Sinne der Gestaltung und Ausführung und uns vor

Fehlern, z. B. bei der Handwerkerauswahl bewahren. Bei der Honorarfrage war klar, dass die üblichen Forderungen zugrunde gelegt werden.

Bild des künftigen Hauses
Wir hatten hinsichtlich der Funktion des Hauses konkrete Vorgaben, jedoch keine Vorstellung davon, wie das Haus aussehen sollte.

Vermittlung des Entwurfs
Die Präsentation war beeindruckend. Neben Plänen gab es ein Modell mit Außen- und Innenaufbau. Dadurch wurde unsere Vorstellung perfekt bedient. Interessant war die Möglichkeit, den Einfall des Tageslichtes zu simulieren. Elemente und Ansichten wurden uns in Freihandzeichnungen und im Gespräch dargestellt.

Änderungen der Planung
Im Entwurfstadium kam es noch zu Änderungen, da bei uns Grenzen des Kostenrahmens entstanden. Es erfolgte daraufhin die Überarbeitung des Entwurfs, ohne die Grundform des Hauses zu verlieren. Der veränderte Entwurf wurde von Seiten der Architekten mit gleichem Engagement vorangebracht.

Teilnahme an der Bauphase
Entsprechend unserer zeitlichen Möglichkeiten nahmen wir an der Bauphase teil, ohne eine Überbeanspruchung oder dem Gefühl, präsent

sein zu müssen. Es gab eine klare Abstimmung hinsichtlich Materialien und Ausführung.

Zeit- und Kostenplan
Der Zeit- und Kostenplan wurde eingehalten. Handwerkliche Nachzügler gab es, aber sie haben den Terminplan nicht beeinflusst.

Neues Zuhause
Wir fühlen uns ausgesprochen wohl im Haus. Raumnutzung und Ausstattung entsprechen unseren Erwartungen. In vielen wichtigen Detailfragen konnten wir auf unseren Architekten zurückgreifen und von seiner „Verantwortlichkeit" für das von ihm geschaffene Haus profitieren. Wir würden ganz sicher wieder mit einem Architekten bauen.

Tugenden auf beiden Seiten
Der Architekt sollte Kreativität besitzen, auf die Vorstellungen des Bauherrn eingehen. Ferner sollte er auf eine qualitative Ausführung Wert legen und eine klare Kostenkontrolle durchführen. Der Bauherr sollte dem Architekten vertrauen und akzeptieren, dass nicht alle Kosten im Voraus gültig festgeschrieben werden können. Kostenverschiebungen bedeuten nicht immer eine Gefahr für das Gesamtbudget.

Evelyn und Dr. Hans-Heinrich Osterhues

Details wie etwa die aluminiumfarbenen Faltschiebeläden nehmen Bezug auf historische Bauelemente, entsprechen jedoch einer zeitgenössischen Gestaltung.

Die Geschosshöhe von 3 m und die raumhohen Türen, zum Teil als Schiebewände konzipiert, zielen auf eine großzügige Raumwirkung.

Der Architekt

Erstes Treffen
Für ein erstes Gespräch bereiten wir uns bewusst nie vor, um möglichst offen gegenüber den Wünschen und der Bauaufgabe zu sein. Bei einem Treffen, meist in unserem Büro, wird zunächst eine inhaltliche Annäherung gesucht.

Vorstellungen und Wünsche des Bauherrn
Der Bauherr hatte Bilder und Vorstellungen im Kopf, die durch erlebte Räume oder Veröffentlichungen geprägt waren. Außerdem hatte er eine Art Raumprogramm mit Raumcharakteristika entwickelt.

Ausgangssituation und Vorgaben
Vorgaben waren die Wünsche des Bauherrn mit festgelegtem Kostenrahmen sowie die städtebauliche Situation bzw. die Bauvorschriften. Der Bebauungsplan gab Kubatur, Dachform und Baulinien vor.

Entwurf und Vermittlung
Der Entwurf wurde von der Idee geleitet, im bestehenden dörflichen Umfeld „das kleine Haus" als Archetyp eigenständig zu interpretieren. Es wurde als autonomer Baustein des Gefüges verstanden und in Skizzen, Zeichnungen und Modellen vorgestellt.

Bestimmende Kriterien
Bei jedem unserer Projekte ist der Anspruch bestimmend, räumliche Qualität und architektonischen Mehrwert zu schaffen. In diesem Sinne wurden alle Fragen zur Energieversorgung und Wärmeschutzmaßnahmen gleichermaßen diskutiert.

Beginn der Zusammenarbeit
Der Bauherr war von Anfang an in die Planung einbezogen. Neben Plänen und Modellen gab es für die Details eine Bemusterung von Farben, Materialien und Elementen, z. B. Lichtschaltern, gemäß den Vorschlägen des Architekten.

Materialien und Verfahrensweisen
Wesentlich ist für uns, nach Möglichkeit hochwertige, natürliche Baumaterialien einzusetzen. Indem nur wenige verwendet werden, können Kosten gespart werden, selbst wenn diese teurer sind als Standardlösungen.

Leistungsphasen
Von unserem Büro wurden alle Leistungsphasen übernommen. Es ist uns wichtig, die Projekte in allen Phasen zu betreuen, um unseren architektonischen Anspruch gewährleisten zu können.

Schwierigkeiten und Probleme
Die Zusammenarbeit ist ausgezeichnet verlaufen. Alle Bauphasen prägte eine konstruktive und partnerschaftliche Atmosphäre, die wesentlich zum guten Gelingen beigetragen hat. Es ist immer wünschenswert, dass frühzeitig eine vertrauensvolle Basis entsteht. Da dem Bauherrn der Architekt in der Regel unbekannt ist, benötigt er Zeit, um ihm gegenüber das notwendige Vertrauen zu entwickeln.

Gewinn für den Bauherrn
Der eigentliche „Luxus", der dem Bauherrn bei diesem Projekt geboten wurde, ist der Innenraum und liegt in der Definition des Außenbereichs durch die städtebauliche Präsenz des Baukörpers.

Tugenden auf beiden Seiten
Wichtigste Tugenden eines Bauherrn sind die Fähigkeit den Mehrwert, den die Architektur ihm geben kann, zu erkennen und der Wille, die notwendigen Entscheidungen umzusetzen sowie das Vertrauen gegenüber seinem Architekten. Die wichtigste Tugend eines Architekten ist die Fähigkeit, architektonische Qualität zu schaffen, sie zu vermitteln und mit hoher Integrität und Verantwortung innerhalb der Rahmenbedingungen auszuführen.

wilhelm und partner

Architekt	SoHo Architektur
Bauherr	Marion und Ralf Hinterberger
Nutzung	Einfamilienhaus, Neubau mit Garage
Wohnfläche	132,00 m²
Nutzfläche	63,00 m²
Lichte Raumhöhe	2,26 (UG), 2,60 m (EG), 1,90 m bis 3,20 m (OG)
Bruttorauminhalt	775 m³
Konstruktion	Holzständerbauweise, Brettstapeldecken
Grundstücksfläche	886,00 m² insgesamt, 475,00 m² nach Teilung
Heizwärmebedarf	29,00 kWh/m²a
Primärenergiebedarf	59,00 kWh/m²a
Baukosten	1.772,00 m² (ohne Eigenleistungen)
Bauzeit	12/2002–01/2004

EG

1 Kochen
2 Essen
3 Wohnen
4 Hauswirtschaft
5 WC
6 Diele / Garderobe
7 Garage
8 Kind
9 Schlafen
10 Ankleide
11 Bad

OG

Am Rand der Gemeinde Aitrach zieht ein quadratisches Holzhaus mit flachem Satteldach, das einem jungen Ehepaar gehört, die Blicke auf sich. Versetzt neben dem Haus der Eltern errichtet, schiebt sich das Gebäude aus der Fluchtlinie der benachbarten Häuser bis zur unmittelbar vorbeiführenden Straße vor. Hier bildet es einen markanten Punkt, von dem aus sich der Ort zur freien Landschaft öffnet.

Durch die vorgerückte Lage des Baukörpers konnte eine Verschattung der nach Westen orientierten Wohnräume des bestehenden elterlichen Hauses vermieden werden. Die Garage zwischen dem Alt- und dem Neubau begünstigt rückwärtig die Trennung der beiden Terrassen und der Gärten, die ein Erdwall voneinander trennt. An der nördlichen Seite, zur Straße hin, erscheint das mit einer Fassade aus senkrecht montiertem, unbehandeltem Lärchenholz umgebene Haus nahezu geschlossen. Zusätzlich wird es hier von einer schräg gestaffelten Stahlwand abgeschirmt. Im Süden und Westen hingegen öffnen sich im Erdgeschoss große Glasflächen mit Schiebetüren zu der weitläufigen Terrassenfläche. Diese besteht ebenfalls aus Lärchenholz und nimmt nicht nur die gesamte Südseite des Hauses ein, sondern erstreckt sich übereck bis zu einem gedeckten Freisitz, der sich an die Garage anschließt.

Auf einer Grundfläche von nur 9 x 9 m umgeben im Erdgeschoss ineinander übergehende Raumzonen die einläufige Treppe in der Mitte. Während sich die offene Küche und der Essbereich den Zugang zur Terrasse teilen, liegt der Wohnbereich an der nördlichen Seite. Die Schiebefenster verstärken den Eindruck eines fließenden Übergangs, Schiebetüren lassen jedoch auch eine Teilung bei Bedarf zu. Im oberen Geschoss liegen das Schlafzimmer, zwei Kinderzimmer und ein Bad. Die auch im Inneren verwendeten Lärchendielen verleihen den Räumen zusammen mit den weiß verputzten Wänden sowie der massiven, glatt gehobelten Brettstapeldecke eine schlichte Modernität. Über eine an die Flächenheizungen angeschlossene Gasbrennwerttherme wird das gesamte Haus beheizt, zudem sorgt ein Kaminofen im Wohnbereich für Behaglichkeit.

Im Süden und Westen öffnen sich im Erdgeschoss große Glasflächen mit Schiebetüren zu der weitläufigen Terrassenfläche.

Versetzt neben dem bestehenden Haus der Eltern errichtet, schiebt sich das Gebäude aus der Fluchtlinie der benachbarten Häuser bis zur unmittelbar vorbeiführenden Straße vor.

Der Bauherr

Entscheidung für ein eigenes Haus
Es war schon immer mein Wunschtraum gewesen, ein eigenes Haus zu bauen.

Weg zum Architekten
Als mein Freund sein Architekturstudium beendete, plante er schon bald sein erstes eigenes Haus. Es entstand eine für mich ganz neue Art von Baukörper, den ich sehr interessant fand. Bei mehreren Besuchen in diesem Haus erkannte ich eine unglaubliche Wohnqualität. Das hat mich letztlich überzeugt mit einem Architekten, meinem Freund, zu bauen.

Beginn der Planung
Wir haben den Architekten schon früh gefragt, welche Möglichkeiten es gibt, im Garten der Eltern zu bauen. Wir wollten natürlich wissen, ob es überhaupt möglich ist, was so ein Haus kostet, etc.

Arbeit des Architekten
Wir hatten kaum Vorstellungen davon, was ein Architekt so macht und waren zunächst erschrocken über die Höhe seines Honorars. Es wurde uns gut erklärt, wie diese Kosten zustande kommen. Im Nachhinein können wir sie noch viel besser verstehen.

Bild des künftigen Hauses
Meine Vorstellung, wie das Haus meiner Träume einmal ausschauen sollte, sah vor ein paar Jahren noch ganz anders. Für uns waren das Budget, das Raumprogramm und das Grundstück klar. Alles Weitere hat sich in vielen Gesprächen entwickelt.

Vermittlung des Entwurfs
Wir konnten uns aufgrund der Modelle in unterschiedlichen Maßstäben immer sehr gut vorstellen, wie das Haus aussehen soll. Die Verständigung erfolgte über zahlreiche Planungsgespräche. Zu einem späteren Zeitpunkt der Planung haben wir uns auch verschiedene Häuser angeschaut.

Der Architekt

Änderungen der Planung
Für das Grundstück gab es zu Beginn fast zehn Entwurfsvarianten. Auch während der Bauphase wurden noch Änderungen vorgenommen. Probleme wurden schnell und unkompliziert gelöst. Trotz der räumlichen Distanz funktionierte die Bauleitung und Abstimmung mit uns unproblematisch.

Teilnahme an der Bauphase
Ich habe an unserem Haus so viel wie nur möglich mitgearbeitet, um Kosten zu sparen, aber auch, weil es zu einem großen Hobby von mir geworden ist. Deshalb war ich natürlich immer in die Vorgänge involviert.

Zeit- und Kostenplan
Der Zeit und Kostenplan konnte wie vereinbart eingehalten werden.

Neues Zuhause
Unser Holzhaus erscheint von außen gesehen so manchem etwas seltsam. Aber wenn Besucher die Räume innen sehen, entsteht plötzlich Begeisterung. Die lichtdurchfluteten Räume erlauben ein Leben von innen nach außen, in welche die Natur einbezogen ist. Es herrscht ein angenehmes Raumklima und es gibt Raumwege nach unseren Bedürfnissen. Die unglaubliche Wohnqualität bringt auch eine neue Lebensqualität mit sich! Mit unserem Architekten telefonieren wir immer noch und besprechen bestimmte Details, da ich noch einiges nach und nach selbst fertig stelle. In jedem Fall kann ich ihn nur weiterempfehlen.

Tugenden auf beiden Seiten
Der Bauherr sollte neue Wege kennen lernen wollen, Mut und Vertrauen mitbringen. Und der Architekt sollte dem Bauherrn seine eigenen Vorstellungen vermitteln können.

Marion und Ralf Hinterberger

Erstes Treffen
Da die Bauherren im Garten des elterlichen Wohnhauses bauen wollten, trafen wir uns mit ihnen auf dem Grundstück, um vor Ort einen ersten Eindruck von ihren Vorstellungen und der Situation zu erhalten.

Vorstellungen und Wünsche des Bauherrn
Die Bauherren kannten zwei andere Bauten unseres Büros, hatten aber weder eine Vorstellung noch Erfahrung, wie die Planung und Realisation abläuft. Es gab von Anfang an ein klar kommuniziertes, zur Verfügung stehendes Gesamtbudget.

Ausgangssituation und Vorgaben
Für den Entwurf waren die Grundstückssituation, das gewünschte Raumprogramm, das definierte Budget und der ungefähre Einzugstermin bestimmend. Ansonsten sollte das Haus so geplant werden, dass ein Zusammenleben mit den Eltern auf dem vorhandenen Grundstück reibungslos möglich ist.

Entwurf und Vermittlung
Für uns war es wichtig, dass die Bauherren Verständnis dafür entwickeln, wie Architektur entsteht und wie wichtig ihr Beitrag zu einem alle zufriedenstellenden Bauprojekt ist. Besteht eine gemeinsame Basis, gelingt gute Architektur. Die Vermittlung des Entwurfskonzepts erfolgte hauptsächlich über Grundrisszeichnungen und Modelle im Maßstab 1:200 und 1:100. Über die Fassade bzw. Materialien wurde erst zu einem viel späteren Planungszeitpunkt gesprochen.

Bestimmende Kriterien
In Vorgesprächen mit den Verantwortlichen der Gemeinde stieß unser Entwurf zunächst auf Ablehnung. Es ging um formale Aspekte, z. B. sollte sich das Gebäude „in die Umgebung einfügen". Letztendlich wurden die Eingabepläne so gezeichnet, dass die Erwartungen der Gemeinde erfüllt und die Pläne genehmigt wurden.

Beginn der Zusammenarbeit
Die Bauherren wurden von Anfang an in die Planung mit einbezogen. Meist wurden persönliche Gespräche geführt.

Materialien und Verfahrensweisen
Die Bauherren wollten durch einen hohen Eigenleistungsanteil Baukosten reduzieren. Daher haben wir eine Holzständerbauweise gewählt. Der Bauablauf verlängerte sich durch den hohen Eigenleistungsanteil jedoch erheblich.

Leistungsphasen
Unser Büro hat alle Leistungsphasen übernommen. Das war die Bedingung unsererseits für die Annahme des Auftrags.

Schwierigkeiten und Probleme
Die Zusammenarbeit mit den Bauherren war sehr fruchtbar, konstruktiv und vertrauensvoll. Schwierigkeiten ergaben sich gelegentlich dadurch, dass aufgrund des hohen Eigenleistungsanteils ein höherer Koordinations- und Bauleitungsbedarf gefragt waren. Prinzipiell würden wir dieses Projekt wieder so durchführen.

Gewinn für den Bauherrn
Die Bauherren haben ein ihren individuellen Bedürfnissen entsprechendes Haus erhalten, das wenig Energie verbraucht, also wirtschaftlich ist, mit hellen Innenräumen, eigenem Garten und ansprechenden Materialien. Und das zu einem Preis wie bei einem Fertighaushersteller. Ferner haben sie Verständnis für Architektur entwickelt.

Tugenden auf beiden Seiten
Wichtige Voraussetzungen sind Offenheit und Vertrauen sowohl auf Bauherren- als auch auf Architektenseite. Dazu kommt ein gewisses Maß an Neugier, Experimentierfreude und Gelassenheit. Grundsätzlich sollte zwischen beiden die „Chemie stimmen".

SoHo Architektur

Architekt	Eisenberg Architekten
Bauherr	Eike und Klaus Dohle
Nutzung	Einfamilienhaus, Neubau
Wohnfläche	322,00 m²
Nutzfläche	126,00 m²
Lichte Raumhöhe	2,80 m (EG), 2,25 m bis 7,80 m (First)
Bruttorauminhalt	2.229,60 m³
Konstruktion	Massivbauweise mit Kalksandstein-mauerwerk und Stahlbeton
Grundstücksfläche	1.274,00 m²
Heizwärmebedarf	56,04 kWh/m²a
Primärenergiebedarf	93,92 kWh/m²a
Baukosten	1.330 €/m²
Bauzeit	10/2002–12/2003

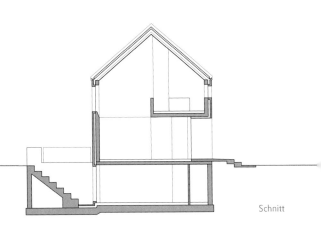

Schnitt

Das zu bebauende Grundstück gehört zu einem Neubaugebiet, das früher ein Fabrikgelände im Osten Gelsenkirchens war. Das schmale, lang gestreckte Satteldachhaus steht an der Nordseite des Grundstücks, so dass auf der Südseite viel Platz für die Terrassen und den Garten blieb. Der Bebauungsplan sah eine Orientierung an den für das Ruhrgebiet typischen Siedlungsbauten aus den 1920er Jahren vor.

In Bezug darauf ist das Haus rundum mit Klinkern in Blau- und Brauntönen verblendet und an der westlichen Seite ein Schornstein platziert. Im Erdgeschoss zeigt sich die straßenseitige Nordfassade völlig geschlossen, einzige Öffnung ist der tiefer liegende Eingang. Zur westlichen Seite wird die Fassade als Mauer fortgeführt, zur östlichen Seite fügt sich die Garage als ein-

geschossige Verlängerung an. Hier nimmt die dunkel gestrichene Holzbeplankung des Garagentors die doppelte Höhe des Klinkers auf. Erst im Obergeschoss verläuft ein schmales Fensterband, das sich über die gesamte Breite der Fassade erstreckt.

Die Innenraumaufteilung entspricht der Längsrichtung des nur 8 m tiefen Hauses. Während die Garderobe, das Gäste-WC im Erdgeschoss, die beiden Bäder im Obergeschoss, die einläufige Treppe und der Eingang unmittelbar an der Nordseite liegen, orientiert sich der durchgehende Wohnraum mit Küche und Essbereich zur Südseite. Zwischen der Garderobe und der Küche dienen Einbaumöbel als Raumteiler. Große Schiebefenster vor dem Wohnbereich und der Küche öffnen sich zur Gartenseite mit den drei

Terrassen: einer seitlichen hinter der Mauer zur Straße, einer vor dem Wohnbereich und einer vor der Küche. Die Terrassen sind über Kieswege miteinander verbunden und von einer weiten Rasenfläche umgeben. Kastenlinden fungieren hier als natürlicher Sonnenschutz. Im Dachgeschoss sind die Schlafräume ebenfalls mit Blick zum Garten angeordnet. Innen wurden nur wenige, hochwertige Materialien eingesetzt: ein heller Albino-Quarzit für den Boden und naturbelassenes Eichenholz für das Parkett und die Fensterrahmen. Die Wände sind verputzt und hell gestrichen. Auch die Einrichtung gehört zum Gesamtkonzept und wurde mit den Architekten abgestimmt.

Im Erdgeschoss zeigt sich die straßenseitige Nordfassade
völlig geschlossen, einzige Öffnungen sind der tiefer liegende
Eingang und das schmale Fensterband im Obergeschoss.

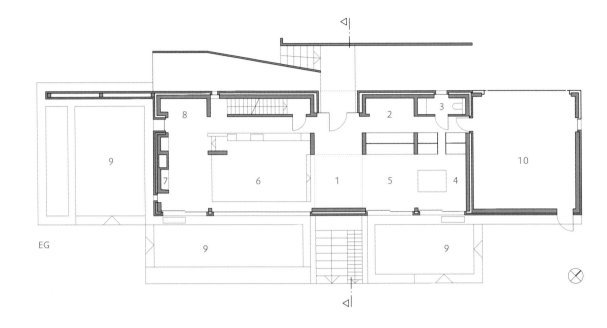

EG

Der Bauherr

Entscheidung für ein eigenes Haus
Wir wollten für unsere wachsende Familie mehr Lebensqualität in individuell für uns geplanten Räumen schaffen.

Weg zum Architekten
Es war uns wichtig, eine Planung zu erhalten, die gestalterisch hochwertig ist sowie unseren besonderen Ansprüchen an räumliche Zusammenhänge genügt. Wir kannten die Architekten aus der Verwandtschaft und haben uns von ihren Fähigkeiten überzeugen können.

Beginn der Planung
Wir haben schon vor dem Kauf des Grundstücks gemeinsam mit den Architekten überlegt, ob der Bauplatz für unser Vorhaben geeignet ist.

Arbeit des Architekten
Wir hatten keine konkreten Vorstellungen, welche Leistungen der Architekt übernimmt. Wir wollten jedoch die gesamte Planung und Koordination des Baubetriebes in eine Hand geben. Sein Honorar hatten wir mit ca. zehn Prozent der Bausumme angenommen.

Bild des künftigen Hauses
Wir hatten uns überlegt, welche Räume wichtig sind und teilweise auch, wie diese zusammenhängen sollten. Wir wollten eine offene Grundrisslösung mit einem zusammenhängenden Wohn- und Essbereich.

Vermittlung des Entwurfs
Anhand von Grundrissen, Ansichten oder Gebäudeschnitten war es manchmal schwierig, sich die Räume und insbesondere die Lufträume bis unter das Dach vorzustellen. Hilfreich war das Arbeitsmodell.

Änderungen der Planung
Die Architekten haben präzise Vorstellungen für die Ausformung der Räume entwickelt. Sie konnten uns letztendlich von der Qualität ihrer Ideen überzeugen, wobei wir manchmal lange und ausführlich diskutiert haben.

Teilnahme an der Bauphase
Wir waren regelmäßig auf der Baustelle. Es war uns wichtig, Erklärungen für Abläufe und insbesondere für zeitliche Verzögerungen zu bekommen, für die wir manchmal ansonsten kein Verständnis hätten aufbringen können.

Zeit- und Kostenplan
Die Bauzeit verlängerte sich aufgrund von sehr langen Schlechtwetterphasen, so dass die Baustelle wochenlang still lag. Die Baukosten lagen etwas über den von uns gewünschten Kosten, jedoch nicht über der ursprünglichen Schätzung der Architekten. Die Mehrkosten wurden uns nachvollziehbar dargestellt.

Neues Zuhause
Wir fühlen uns inzwischen sehr wohl in unserem Haus. Es war dennoch gewöhnungsbedürftig, im Erdgeschoss nur einen Raum zu haben. Die Architekten sind immer noch unsere Ansprechpartner.

Tugenden auf beiden Seiten
Architekten sollten auf den Bauherrn eingehen, da jeder meist nur einmal sein „Traumhaus" baut. Bauherren sollten sich entsprechend auf Ihren Architekten einlassen und ihm die Chance geben, mit seinen Ideen zu überzeugen.

Eike und Klaus Dohle

11 Luftraum
12 Bad
13 Ankleiden
14 Schlafen
15 Kind
16 Arbeiten

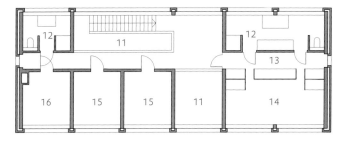

OG

*Zwischen Treppenraum und Wohnraum
dienen Einbaumöbel als Raumteiler.*

Der Architekt

Erstes Treffen
Wir hatten das Grundstück gemeinsam mit den
Bauherren besichtigt und vor Ort über eine sinn-
volle Positionierung und Ausrichtung des Baukörpers sowie der Innenräume gesprochen.

Vorstellungen und Wünsche des Bauherrn
Die Bauherren (Sie und Er getrennt) haben auf
unsere Bitte hin jeweils eine Liste zusammengestellt, in der spezifische Ansprüche an verschiedene Räume artikuliert werden sollten.

Ausgangssituation und Vorgaben
Das Grundstück, der Bebauungsplan, der ein
eingeschossiges Haus mit Satteldach vorsah, das
gewünschte Raumprogramm und ein Gesamtkostenbudget waren für unseren Entwurf bestimmend.

Entwurf und Vermittlung
Der Anspruch, ein großzügiges, offenes Haus
zu bauen und viel zusammenhängende Gartenfläche zu erhalten, hat die Ausformung des lang
gestreckten Baukörpers maßgeblich bestimmt.
Wir haben eine Entwurfszeichnung, räumliche
Skizzen und ein Arbeitsmodell zur Vermittlung
unserer Ideen verwendet.

Bestimmende Kriterien
Das innenräumliche Gefüge und die Innen-Au-
ßen-Beziehung waren entwurfsprägend. Die offene Fassade zur Südseite und die geschlossene
zur Nordseite unterstützt die energetische Opti-
mierung der konventionellen Gebäudehülle. Das
Gesamtkostenbudget war ebenfalls vorgegeben.

Beginn der Zusammenarbeit
Die Bauherren wurden von Anfang an in unsere
Überlegungen einbezogen.

Materialien und Verfahrensweisen
Die Materialwahl zur Erstellung der Fassade war
eine Vorgabe des Bebauungsplans. Die konse-
quente Erstellung des Mauerwerksverbands und
der Rollschichten war zeit- und kostenaufwendig.

Leistungsphasen
Wir wurden mit allen Leistungsphasen beauftragt.

Schwierigkeiten und Probleme
Die Abstimmung zahlreicher gestalterischer
Details war notwendig und hat hinsichtlich der
Planung sehr viel Zeit beansprucht. Manch-
mal mussten wir auch für die unterschiedlichen
Auffassungen der Bauherrin und des Bauherrn

schlüssige Kompromisslösungen finden. Die
Bauherren haben uns viel Vertrauen entgegen-
gebracht, die Zusammenarbeit mit ihnen war
intensiv. Es gab Auseinandersetzungen, aber wir
haben uns immer geeinigt. Wir werden in Zu-
kunft versuchen, bei gleicher Transparenz die
Detailinformationen für die Bauherren noch besser vorzusortieren, damit die Entscheidungsfindung einfacher wird.

Gewinn für den Bauherrn
Für die inzwischen fünfköpfige Familie gibt es
mehr Lebenskomfort. Der direkte Bezug der
Wohnräume zu den Außenterrassen und dem
Garten sowie Nachhaltigkeit durch Materialqua-
lität und hochwertige handwerkliche Ausführung stellen ebenfalls einen Gewinn dar.

Tugenden auf beiden Seiten
Das Vertrauen des Bauherrn in die Leistungsfä-
higkeit ihres Architekten sowohl bezüglich der
Gestaltung als auch hinsichtlich der Baubetreuung ist motivierend. Als Architekt sollte man
nichts in Aussicht stellen (insbesondere bezüglich Bauzeit und Baukosten), was nicht absolut
eingehalten werden kann.

Eisenberg Architekten

Architekt	Berschneider + Berschneider
Bauherr	privat
Nutzung	Einfamilienhaus, Neubau
Wohnfläche	215,00 m²
Nutzfläche	147,00 m²
Lichte Raumhöhe	2,40 m (KG), 2,74 m (EG), 2,51 m (OG) in nicht raumhaltigen Bereichen
Bruttorauminhalt	1.478,00 m³
Konstruktion	Ziegelmauerwerk (Außenwände 49 cm) mit Ziegelmassivdach
Grundstücksfläche	705,00 m²
Heizwärmebedarf	57,70 kWh/m²a
Baukosten	1.035,00 €/m²
Bauzeit	05/2001–01/2002
Besonderheiten	Haus mit nur einem Vollgeschoss für mehrere Generationen

Schnitt

Das Haus einer vierköpfigen Familie steht in einem parzellierten Wohngebiet im Herzen der Stadt Neumarkt, wo es von den typischen Einfamilienhäusern aus der Nachkriegszeit mit steilen Satteldächern und Biberschwanz-Ziegeln umgeben ist. Das kleine Grundstück liegt unmittelbar an einer ruhigen Nebenstraße, der Weg zur Altstadt ist nicht weit.

Der Neubau nimmt mit seiner kompakten Gestaltung des Baukörpers und dem steilen Oberpfälzer Dach ohne Überstand die Formensprache der umliegenden Bebauung auf. Die schlichte, strenge Gliederung der Fassade mit ihren individuellen Fensteröffnungen wandeln das gewohnte Bild jedoch ab. Zwischen dem Haus und der Garage befindet sich ein kleiner Vorhof, der durch eine Wand den voll verglasten Eingangsbereich dahinter nach außen abschirmt. Rückwärtig fügt sich an das Hauptgebäude ein schlichter Flachdachriegel. Die Materialien wurden sparsam und möglichst mit Bezug auf regional vorhandene eingesetzt: Das Haus ist in einem hellen Farbton verputzt, die Gartenwand sowie der Garagenblock bestehen aus massivem Sichtbeton, der heimische Jura kommt als Bodenbelag in den Außenanlagen vor.

Im Erdgeschoss ist der bis unter das Dach offene Gemeinschaftsbereich für Essen, Kochen und Wohnen angelegt, in dessen Zentrum ein Kaminofen steht. Die Räume der einzelnen Familienmitglieder dagegen liegen abgeschirmt und bieten ihnen eine Rückzugsmöglichkeit. Dementsprechend befinden sich die beiden Zimmer der Kinder mit separatem Bad in dem Trakt, der sich an das Hauptgebäude anschließt, den Eltern gehört das Obergeschoss, in dem sich der Schlafraum mit Zugang zum Bad befindet. Ein Steg führt von dort zu einer Galerie, die Platz zum Arbeiten und Lesen bietet.

Um ein in seiner Gesamtheit stimmiges Haus zu erhalten, haben die Bauherren die vollständige Planung der Innen- und Außenraumgestaltung in eine Hand gegeben. Die Architekten haben hier alles, von dem Hochbau über die Garten- und Außenanlage bis hin zum Innenausbau geplant, bei dem z. B. das vorhandene Mobiliar mit Einbaumöbeln abgestimmt werden musste.

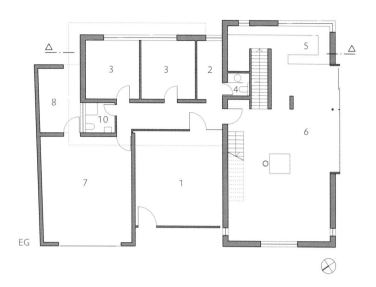
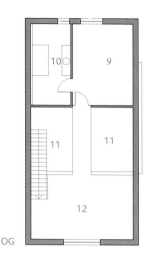

1	Vorhof
2	Garderobe
3	Kind
4	WC
5	Kochen
6	Essen, Wohnen
7	Garage
8	Abstellraum
9	Schlafen
10	Bad
11	Luftraum
12	Lesen, Arbeiten

EG

OG

Der Bauherr

Entscheidung für ein eigenes Haus
In unserem alten Haus wären unsere Wohnbedürfnisse durch Umbauten nicht zu realisieren gewesen. Außerdem hatten wir uns in das neue Grundstück auf den ersten Blick verliebt.

Weg zum Architekten
Wir kennen Johannes Berschneider schon seit Jahren. Eigene Ideen für das Haus waren da, aber wie diese genau umsetzen? Deshalb war für uns klar, mit einem Architekten zu bauen, der sich um Planung, Ausführung und Details kümmert.

Beginn der Planung
Gleich nach dem Grundstückskauf haben wir uns an ihn gewandt. Er sollte unser Haus komplett betreuen, da er Angebote fachmännisch vergleichen und mit Handwerkern anders verhandeln kann.

Arbeit des Architekten
Wir wollten, dass der Architekt unsere Wünsche in ein gutes Haus umsetzt. Unsere Bedingung war, dass er uns auch Alternativen zu unseren eigenen Vorstellungen aufzeigt. Wir hatten ihm ein bestimmtes Budget als Limit gesetzt, sein Honorar wurde gleich am Anfang vereinbart.

Bild des künftigen Hauses
Wir wollten einen großen, offenen Wohnraum. Im Obergeschoss sollten sich eine Galerie und ein Steg befinden. Alle unsere Wünsche miteinander zu kombinieren war sicherlich nicht möglich.

Vermittlung des Entwurfs
Der Entwurf und seine Vermittlung haben uns sehr gut gefallen. Er wurde uns verständlich erläutert, des Weiteren wurden uns Pläne und Skizzen zur Reflexion mitgegeben.

Änderungen der Planung
Der Architekt hatte viele, gute Ideen. Aber er war auch bereit, sie bei Bedarf zu ändern, wenn sie das Budget betrafen oder unsere Wünsche hinsichtlich der Räume oder ihrer Funktionen. Uns wurden immer Entscheidungsmöglichkeiten aufgezeigt.

Teilnahme an der Bauphase
Wir haben sehr viel Wert darauf gelegt, in das Baugeschehen einbezogen zu werden. Entweder der Architekt oder sein Bauleiter waren jederzeit für uns erreichbar. Unsere Fragen

wurden beantwortet bzw. das aktuelle Geschehen auf der Baustelle erklärt.

Zeit- und Kostenplan
Der Kostenrahmen und Zeitplan konnten eingehalten werden. Dank regelmäßiger Besprechungen und fortlaufender Zwischenbilanzen durch den Architekten wurde das Budget ständig im Auge behalten.

Neues Zuhause
Das Haus ist genau so, wie wir es uns gewünscht haben. Der Architekt ist unser Ansprechpartner auch über die Bauzeit hinaus geblieben. Wir würden jederzeit wieder mit einem Architekten bauen. Er ist einfach der Fachmann und ein zuverlässiger Treuhänder.

Tugenden auf beiden Seiten
Der Architekt sollte hinter seinem Bauherrn stehen und mit ihm alles so besprechen, dass er es versteht. Dieser sollte dem Architekten gegenüber seine Wünsche und Kritik aussprechen, allerdings auch offen sein für Vorschläge, neue Wege oder Alternativen.

privat

Zwischen dem Haus und der Garage befindet sich ein kleiner Vorhof, der durch eine Wand den voll verglasten Eingangsbereich dahinter nach außen abschirmt.

Der Architekt

Erstes Treffen
Zuerst besuchten wir gemeinsam mit dem Bauherrn das zu bebauende Grundstück. Zu Beginn stellen wir bestimmte Fragen, die ihm helfen, sich mit dem Thema Wohnen zu beschäftigen.

Vorstellungen und Wünsche des Bauherrn
Der Bauherr kannte unser Büro, da wir bereits zuvor für ihn gebaut hatten. Er wünschte einen großzügigen Wohnbereich, ferner sollte es einen autarken Bereich für die beiden Töchter geben.

Ausgangssituation und Vorgaben
Das Baugrundstück liegt in einem Wohngebiet mit kleinen Parzellen. Das alte Haus dort musste abgerissen werden, das neue sollte sich in die Bebauung dieses Stadtteils einfügen. Weitere Vorgaben waren der Zeitplan und der Kostenrahmen.

Entwurf und Vermittlung
Das neue Haus sollte ein zeitgemäßes Erscheinungsbild erhalten. Durch die Nähe zur Straße entstand der Gedanke, einen kleinen Innenhof zwischen Öffentlichkeit und Privatsphäre zu platzieren. Unseren Entwurf vermittelten wir bei Terminen teils vor Ort, mit Skizzen, Vorentwurfsplänen und in vielen intensiven Gesprächen.

Bestimmende Kriterien
Für den Bauherrn war es wichtig, dass ausschließlich ökologische Baustoffe zum Zuge kamen. Das vorgegebene Budget war dabei natürlich bestimmend, dessen Einhaltung ständig überprüft wurde.

Beginn der Zusammenarbeit
Natürlich ist der Bauherr ab dem ersten Moment der Planung einbezogen worden. Nicht jedes technische Detail, aber doch alle Abläufe haben wir für ihn transparent gemacht.

Materialien und Verfahrensweisen
Aufgrund der gewünschten ökologischen Baustoffe kamen wir auf Ziegel, die zu allen Jahreszeiten ein angenehmes Raumklima schaffen. Diese bessere Wohnqualität war dem Bauherrn die etwas höheren Kosten wert, die von Anfang an in der Kalkulation berücksichtigt worden waren.

Leistungsphasen
Unser Büro hat alle Phasen übernommen. Wir hatten immer wieder während der Bauphase Abstimmungstermine mit dem Bauherrn vereinbart, damit er über die einzelnen Abschnitte informiert ist und sie versteht.

Schwierigkeiten und Probleme
Die Zusammenarbeit lief sehr gut. Wir haben unser gemeinsames Ziel erreicht, Budget, Ökologie und gute Architektur unter einen Hut zu bringen.

Gewinn für den Bauherrn
Der Bauherr hat ein Gebäude erhalten, das einen hohen ästhetischen Anspruch und seine Bedürfnisse erfüllt, gleichzeitig bietet es für die ganze Familie einen maximalen Lebenskomfort.

Tugenden auf beiden Seiten
Für den Bauherrn gehören Aufgeschlossenheit, die Bereitschaft etwas zu lernen und Vertrauen zu seinem Architekten dazu. Auch dieser sollte offen gegenüber den Wünschen des Bauherrn sein.

Bauen mit Architekt
Der Architekt ist für den Bauherrn nicht nur Partner und Treuhänder, sondern zudem ein Garant für eine individuelle Lösung.

Berschneider + Berschneider

Architekt	Bembé + Dellinger Architekten
Bauherr	Friederike Lenssen und Rudi Hoffmann
Nutzung	Einfamilienhaus, Neubau mit Carport
Wohnfläche	193,00 m²
Nutzfläche	27,00 m²
Lichte Raumhöhe	2,53 m (UG), 2,36 m und 2,68 m (EG), 1,30 m bis 4,30 m (DG)
Bruttorauminhalt	920,00 m³ (Haus) und 80,00 m³ (Carport)
Konstruktion	Massivbau mit Stahlbetondecken und Ziegelwänden
Grundstücksfläche	567,00 m²
Baukosten	1.300,00 €/m² (exklusiv Kosten für Möblierung, Freianlage, Neben- und Erschließungskosten)
Bauzeit	04/2003–03/2004
Besonderheiten	Siedlungshäuschen

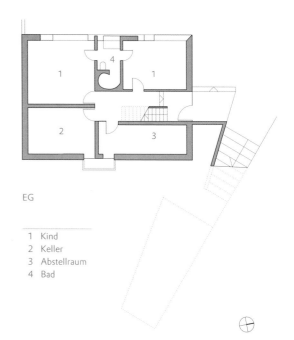

EG

1 Kind
2 Keller
3 Abstellraum
4 Bad

In der bayerischen Gemeinde Schondorf am Ammersee ist hinter der barocken Dorfkirche ein kleines Wohngebiet entstanden. Die Grundstücke am Rande der Ortschaft, mit freiem Blick über Hügel und Wiesen, konnten kostengünstig erworben werden. Die städtebauliche Form gab der Bebauungsplan vor: ein Siedlungshäuschen mit Erd- und Dachgeschoss über rechteckigem Grundriss, dessen Höhe, Dachform und -neigung festgelegt war. Mit seinen geduckten, zur Landschaft traufständig stehenden Fassaden und seinem großen, steilen Dach sollte es den neuen Ortsrand markieren. Ferner sollten die Dächer der neuen Häuser frei von störenden Einbauten sein, die Fenster ein sich wiederholendes, rechteckiges Format besitzen und der Anstrich der Fassaden in einem gedeckten Ton erfolgen.

Gebaut wurde für ein Lehrerehepaar und für deren beiden, fast erwachsenen Kinder. So bekam jeder Teil der Familie unabhängig voneinander seine eigene Etage: Den Eltern gehört das Dachgeschoss mit Schlafbereich, Ankleide, Bad und großzügigem Arbeitsbereich und den Kindern das Gartengeschoss mit eigenem Bad und eigenem Zugang. Jede Etage besitzt eine seperate, einläufige Treppe. Diese treffen sich im gemeinsam genutzten Obergeschoss mit großzügigem Wohn- und Essbereich, Küche und den notwendigen Nebenräumen, in denen das Gäste-WC, Abstellmöglichkeiten und die Garderobennische untergebracht sind.

Wenige, einfache Materialien bestimmen innen wie außen das Erscheinungsbild. Der Putz, die Holzfenster und -verschalungen sowie die Ausbauten im Innenbereich sind in dem gleichen sandfarbenen Ton gestrichen, für die Böden wurde Eichenindustrieparkett verwendet. Bündig ins Kupferdach eingelassen, mit dunklem Glas und dunklem Sonnenschutz, fügen sich die Dachflächenfenster homogen in die Dachfläche ein und belichten die Räume im Dachgeschoss. Wandheizungen aus Kupferrohren temperieren das Haus. Die Wärme zum Heizen liefert eine Gasbrennwerttherme gemeinsam mit einer Solaranlage auf dem Carport.

OG

5	Wohnen
6	Diele
7	Kochen
8	Abstellraum
9	Carport

Die städtebauliche Form gab der Bebauungsplan vor: ein Siedlungshäuschen mit Satteldach, Erd- und Dachgeschoss über rechteckigem Grundriss.

Die beiden seperaten Treppen treffen sich im gemeinsam genutzten Obergeschoss mit großzügigem Wohn- und Essbereich, Küche und den notwendigen Nebenräumen.

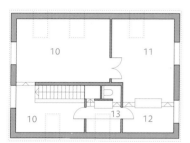

DG

10 Arbeiten
11 Schlafen
12 Ankleide
13 Bad

Wenige, einfache Materialien bestimmen innen wie außen das Erscheinungsbild. Der Putz, die Holzfenster und -verschalungen sowie die Ausbauten im Innenbereich sind in dem gleichen sandfarbenen Ton gestrichen, für die Böden wurde Eichenindustrieparkett verwendet.

Der Bauherr

Entscheidung für ein eigenes Haus
Unser Wunsch nach einer eigenen Immobilie entstand vor etwa zehn Jahren, als unsere Dienstwohnung anders genutzt werden sollte. Die besichtigten Häuser entsprachen nur teilweise unseren Vorstellungen: zu klein, zu laut, zu schattig oder zu baufällig. Als eine neue Wohnsiedlung in der Region ins Leben gerufen wurde, konnten wir ein kleines Grundstück am Rande vergleichsweise günstig erwerben.

Weg zum Architekten
Seit unserer Studienzeit interessieren wir uns für Architektur. Bei unseren Besichtigungen wurde uns klar, dass die von Bauträgern angebotenen Häuser auf ein einfaches, wiederkehrendes Raster reduziert sind. Die Suche nach einem Architekten war schwieriger als gedacht. Wir landeten schließlich aufgrund einer Empfehlung bei Bembé und Dellinger, die uns mit Details der von ihnen gebauten Wohnhäuser überzeugt haben. Die Räume waren offen und großzügig gestaltet, die zahlreichen Einbaumöbel gefielen uns sofort.

Beginn der Planung
Beim Kauf des Grundstücks hatten wir uns eine Beratung durch einen Architekten erbeten. Er nannte uns seine Kriterien und Überlegungen. Erst ab der Entwurfsphase wurde ein Büro von uns beauftragt.

Arbeit des Architekten
Die Architekten sollten sich ein möglichst genaues Bild von unseren Wünschen machen und sie bei ihrem Entwurf berücksichtigen. Das ist ihnen hervorragend gelungen. Bereits der erste Entwurf war sehr überzeugend. Als Honorar wurde eine an der HOAI orientierte Pauschalsumme vereinbart. So führte eine Steigerung der Baukosten nicht automatisch zu höheren Kosten für die Architekten.

Bild des künftigen Hauses
Unsere Anforderungen waren klar: großzügig geschnittene, helle Räume und optimale Nutzung der örtlichen Gegebenheiten. Genauere Vorstellungen von dem Grundriss oder von der Fassade hatten wir nicht.

Vermittlung des Entwurfs
Die erste Präsentation des Entwurfs erfolgte mit einem kleinen Modell, dessen offene Außenwände einen Blick in die Räume ermöglichten. Dieses Modell und die Grundrisse überzeugten

uns schnell. Die Verständigung erfolgte im persönlichen Gespräch. In regelmäßigen Abständen trafen wir uns mit den Architekten und entwickelten so die ersten Vorstellungen gemeinsam weiter.

Änderungen der Planung

Wenn ein Architekt alles umsetzt, was ein Bauherr geändert haben möchte, geht am Ende die Handschrift des Architekten verloren. Oft waren also kontroverse Diskussionen notwendig, um einen für beide Seiten akzeptablen Weg zu finden. Die Architekten haben sich viel Mühe gegeben, uns zu überzeugen.

Teilnahme an der Bauphase

Die Bauphase wurde sowohl vom Architekten als auch von uns selbst eng begleitet. Fast täglich besuchten wir die Baustelle und waren im ständigen Kontakt sowohl mit Handwerkern als auch mit den Architekten.

Zeit- und Kostenplan

Das Budget war von vornherein gedeckelt und wurde weitgehend eingehalten. Entstandene Mehrkosten waren klare Entscheidungen der Bauherren, z. B. aufgrund einer anderen Heizung, der Gartengestaltung etc. Den Zeitrahmen haben wir vorgeben, er wurde genau eingehalten.

Neues Zuhause

Wir fühlen uns sehr wohl in unserem Haus. Bis heute stehen wir in regem Kontakt mit den Architekten. Fragen zur Gestaltung der Innenräume und der Gartenanlage werden immer noch mit ihnen abgestimmt, Reklamationen gemeinsam angegangen. Wir würden sofort wieder mit einem Architekten bauen. Alleine könnten wir keinen so durchdachten Baukörper planen.

Tugenden auf beiden Seiten

Zu den Tugenden des Architekten gehören: Gespür, was der Bauherr will und was er braucht, sich Zeit für ihn und seine Vorstellungen zu nehmen, sich mit ihm auseinanderzusetzen, ihn überzeugen zu können und die Kosten zu begrenzen! Zu den Tugenden des Bauherrn gehören: dem Architekten möglichst viel Spielraum zu lassen und ihm zu vertrauen.

Friederike Lenssen und Rudi Hoffmann

Der Architekt

Erstes Treffen

Wir haben unser erstes Treffen mit Skizzen und einem kleinen Modell als erste Annäherung an den Entwurf vorbereitet.

Vorstellungen und Wünsche des Bauherrn

Die Vorstellungen der Bauherren waren konkret. Vorgaben zu den Kosten und dem Bebauungsplan sollten eingehalten werden. Die zuvor bewohnte Wohnung aus den 1930er Jahren mit gut proportionierten Räumen und durchdachten Details bestimmten die Vorstellungen der Bauherren. Ein Haus aus den 1960er Jahren, das sie erfolglos versucht hatten zu erwerben, ebenso. Die gebauten Vorbilder mit einem pragmatischen Zugang zur Architektur gaben für unsere Arbeit den Rahmen vor.

Ausgangssituation und Vorgaben

Zusätzlich zu den Vorstellungen der Bauherren gab es das Grundstück am Ortsrand mit einem wunderschönen Blick auf die bayerische Voralpenlandschaft und die Kirchtürme der Nachbarortschaften. Die Hanglage des Grundstücks ließ zudem eine Belichtung der Untergeschossräume zu.

Entwurf und Vermittlung

In der äußeren Erscheinung blieben wir in der bei den Bauherren geschätzten Tradition der Vorbilder zurückhaltend in Form und Farbe. Das Innere ist ebenso einfach organisiert: das Untergeschoss für die halbwüchsigen Kinder, das Obergeschoss für die Eltern und das Erdgeschoss für das gemeinsame Leben mit Kochen, Essen und Wohnen. Zwei einläufige Treppen, hintereinander statt übereinander geschaltet, geben der Grundfläche von 90 m² Großzügigkeit. Ein Innenraummodell im Maßstab 1:50 verdeutlichte die Raumzusammenhänge und die Einfachheit der Organisation.

Bestimmende Kriterien

Die Konzentration auf das Einfache und Nützliche mit der damit einhergehenden Neuinterpretation eines Siedlungshäuschens waren bestimmend.

Beginn der Zusammenarbeit

Ein intensiver und hinterfragender Dialog mit den Bauherren bestand von Anfang an und gehörte zum Bauprojekt.

Materialien und Verfahrensweisen

Der Typus des Siedlungshäuschens verlangte nach einer ruhigen, geschlossenen Dachform. Belichtungszwänge im Dachgeschoss und der Wunsch nach Ausblicken in die umliegende Landschaft standen dem jedoch entgegen. Ein dunkles Kupferdach mit flächenbündigen, ebenso dunklen Dachliegefenstern entsprach beiden Aspekten. Die mit ihnen verbundenen höheren Kosten wurden in der Budgetierung durch Einsparungen in anderen Bereichen kompensiert.

Leistungsphasen

Die Trennung der Bauleitung von der Planung verlangt eine detaillierte Werkplanung und eine intensive Kommunikation zwischen Architekt und Bauleiter. Gerade im unteren Bereich der HOAI ist dieser Aufwand trotz erhöhter Progression nicht berücksichtigt. Daher kamen Planung und Bauleitung aus einer Hand durch uns.

Schwierigkeiten und Probleme

Wir haben uns in zahlreichen, intensiven Diskussionen mit den Bauherren auseinandergesetzt. Sie haben viel Zeit in Anspruch genommen, aber auch dafür gesorgt, dass die Familie jetzt mit dem Ergebnis zufrieden ist. Es wäre sicher besser gewesen, wenn nicht die günstigsten Anbieter mit der Ausführung hätten beauftragt werden müssen, da sie nicht unbedingt die beste Arbeit leisten. Aber aufgrund des vorgegebenen Budgets war dies nicht anders möglich.

Gewinn für den Bauherrn

Wir haben in enger Zusammenarbeit mit den Bauherren ein auf ihre Bedürfnisse zugeschnittenes Gebäude entwickelt, in dem auch ihre Vorstellungen umgesetzt wurden. Daher trägt das Haus auch die unverwechselbare Handschrift seiner Bewohner.

Tugenden auf beiden Seiten

Sowohl der Architekt als auch der Bauherr sollten über Entschlusskraft und Teamfähigkeit verfügen.

Bembé + Dellinger Architekten

Architekt	Florian Höfer
Bauherr	Veronika und Roman Schnellbach
Nutzung	Einfamilienhaus, Neubau mit Garage
Wohnfläche	280,00 m²
Nutzfläche	432,00 m²
Lichte Raumhöhe	2,60 m
Bruttorauminhalt	1.350,00 m³
Konstruktion	Holzständerbauweise, Untergeschoss Rampe und Aufzug in Stahlbeton, Ziegelkaltdach
Grundstücksfläche	1.350,00 m²
Heizwärmebedarf	50,00 kWh/m²a
Baukosten	1.728,00 €/m²
Bauzeit	11/2002–01/2004
Besonderheiten	barrierefreies Niedrigenergiehaus

Schnitt

In Gstadt am Chiemsee steht ein Haus, das in erster Linie auf die besonderen Bedürfnisse des Hausherrn zugeschnitten ist. Seit einem Unfall auf den Rollstuhl angewiesen, wollte er mit seiner Frau und zwei Kindern nicht mehr in einer behindertengerechten Wohnung leben. Selbst hier führten zu schmale Türöffnungen immer wieder zu Verletzungen an den Händen. Daher sollte auf einem relativ kleinen Grundstück in dörflicher Umgebung ein barrierefreies Haus entstehen, das sich gegenüber der Nachbarschaft ebenso offen zeigt wie seine Bewohner.

So entstand ein Holzhaus mit Satteldach, das mit einer Rampe und einem Aufzug ausgestattet für eine maximale Bewegungsfreiheit des Hausherrn sorgt. An der Längsseite im Osten wird die Rampe links vom Eingang durch eine Verglasung im unteren Geschoss durch eine künstlerische Beleuchtung innen hervorgehoben. Ferner fällt sofort die in einem kräftigen Rotton mit Eisenoxid lasierte Fassade aus 3-Schicht-Lärchenpaneelen auf, die das gesamte Haus umgibt. Auf der Westseite nehmen raumhohe Fenster, in beiden Geschossen symmetrisch übereinander angeordnet, rund zwei Drittel der Fläche ein.

Durch sie kann auch in sitzender Position ein Blick auf die Voralpen geworfen werden. Ebenso gibt es an der schmalen Nordseite zwei Fenster, allerdings in unterschiedlichen Formaten. An der Südseite springt im Obergeschoss ein kastenförmiger Erker hervor, der sich über die Gebäudeecke zur Eingangsseite erstreckt und mit unbehandelten Lärchenholzleisten verkleidet ist.

Im Inneren sind die üblichen Funktionen der Ebenen vertauscht: Das Erdgeschoss ist dem Schlafzimmer der Eltern, den Kinderzimmern sowie dem Bad vorbehalten. Das Obergeschoss hingegen, offen bis zum Giebel, wird von einem 52 m² großen, schrankenlosen Gemeinschaftsraum eingenommen. Er dient auf der einen Seite dem Wohnen und auf der anderen Seite schließt er den Essplatz mit offener Küche ein. Dahinter liegen ein Arbeitszimmer und ein weiteres Bad. Verbindendes Element dieser Ebene ist die Rampenbrüstung, in die ein Bücherregal integriert wurde und die mit Filz bedeckt zum Sitzen gedacht ist. Neben der Verwendung ökologischer Baustoffe wurde auf eine Beheizung durch eine Solarthermie Wert gelegt, daher kann weitgehend auf Gas und Heizöl verzichtet werden.

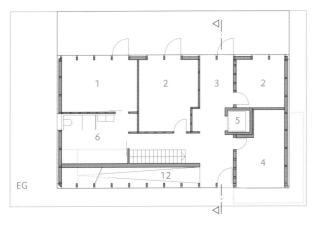

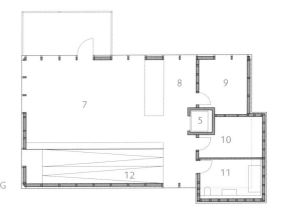

EG

1	Schlafen
2	Kind
3	Spielflur
4	Garage
5	Aufzug
6	Bad

OG

7	Wohnen, Essen
8	Kochen
9	Arbeiten
10	Speisekammer
11	Bad
12	Rampe

An der Längsseite im Osten wird die Rampe links vom Eingang durch eine Verglasung im unteren Geschoss und durch eine künstlerische Beleuchtung betont.

Der Bauherr

Entscheidung für ein eigenes Haus
Da ich auf den Rollstuhl angewiesen bin, haben meine Frau und ich uns entschieden, ein Haus zu bauen, das auf meine Bedürfnisse zugeschnitten ist. Ein bestehendes hätte nur mit großen Kompromissen angepasst werden können.

Weg zum Architekten
Uns war von Anfang an klar, dass unser Haus nicht ohne einen Architekten zu realisieren ist. Da mein Schwager Architekt ist, haben wir ihn um Rat gebeten und nach seinen Ideen gefragt. Er hat uns überzeugt, zumal er uns sehr nahe steht.

Beginn der Planung
Wir haben den Architekten für die Grundsatzüberlegungen, den Entwurf sowie die Planung der Bauleitung und außerdem die innenarchitektonische Gestaltungen einbezogen.

Arbeit des Architekten
Wir haben die Aufgaben des Architekten und sein Honorar im Vorfeld besprochen. Wir erhielten Zeitpläne, die uns über den jeweiligen Stand der Arbeiten informierten. Ein Zeitdruck bestand nicht, daher war es möglich, für Details wie z. B. die Rampenbrüstung, Einbaumöbel oder das Garagentor erst in der Bauphase Lösungen zu finden. Ebenso bekamen wir transparente Kostenpläne. Unser Architekt hat uns auch bei allen Fragen zu Zuschüssen, Genehmigungen bei der Gemeinde etc. geholfen.

Bild des künftigen Hauses
Von den Anforderungen hatten wir sehr genaue Vorstellungen aber noch kein konkretes Bild vom Aussehen des Hauses.

Vermittlung des Entwurfs
Wir waren mit den Zeichnungen und Modellen sehr zufrieden. Für Detaillösungen bekamen wir Fotos von ähnlich umgesetzten Lösungen gezeigt. Verständigt haben wir uns in ausführlichen Gesprächen.

Änderungen der Planung
Die Erklärungen des Architekten zur Machbarkeit waren immer verständlich. Er versuchte, soweit möglich, unsere Änderungswünsche in die

Planung zu integrieren. Er wies jedoch auch darauf hin, wenn sie nicht zum Gesamtkonzept oder Bild des Hauses passten.

Teilnahme an der Bauphase
Wir waren über den gesamten Bauprozess immer mit dabei. Der Architekt vermittelte uns das Gefühl, dass wir für ihn die ersten Ansprechpartner für Fragen sind. Dies war uns auch sehr wichtig.

Zeit- und Kostenplan
Neben den vielen Sonderlösungen kamen später noch Wünsche, z. B. bei der Beleuchtung und der Außenanlage hinzu. Daher haben sich die Kosten nachträglich erhöht. Es gab eine dreimonatige Verzögerung, da sich der Einbau einer Schräge aus Holz schwieriger gestaltete als angenommen.

Neues Zuhause
Unser Haus hat unsere Erwartungen und Vorstellungen weit übertroffen, wir fühlen uns darin rundherum wohl. Auch für die zwei Jahre später umgesetzten Planungen wie Carport und Vorplatz haben wir wiederum unseren Architekten beauftragt, weil seine Handschrift nicht vor der Tür aufhören darf. Mit Florian Höfer würden wir sofort wieder bauen.

Tugenden auf beiden Seiten
Kreativität, Flexibilität und Offenheit sind die drei wichtigsten Tugenden, die auf beiden Seiten gleichermaßen vorhanden sein sollten. Der Architekt sollte zudem in der Lage sein, seinen Vorschlag passend sowohl zu Umgebung und Lage als auch zu Art und Geschmack des Bauherrn zu machen. Für den Bauherrn ist wichtig, sich von alten Vorstellungen und Normen zu lösen.

Alternativen
Der Architekt hat uns in sehr vielen Punkten über besondere Materialien informiert. Vieles war uns bis dahin völlig unbekannt, überzeugte uns aber durch Qualität, Beschaffenheit und Nutzen.

Veronika und Roman Schnellbach

Der Architekt

Erstes Treffen
Nachdem mir das Grundstück bekannt war, habe ich zu unserem ersten Treffen ein paar kleine Ideenskizzen mitgebracht. Es ging zunächst um die Ausarbeitung eines Fragenkatalogs, damit erst einmal über die besonderen Bedürfnisse des Bauherrn gesprochen werden konnte.

Vorstellungen und Wünsche des Bauherrn
Sie betrafen vor allem die Nutzung für einen Rollstuhlfahrer und besondere Lichtverhältnisse bzw. weite Ausblicke in die Landschaft. Was formale und technische Dinge betraf, erhielt ich große Freiräume. Die Bauherren erwarteten, dass ich ein schlüssiges Gesamtkonzept entwickle.

Ausgangssituation und Vorgaben
Auf einem relativ kleinen Grundstück in ländlicher Gegend sollte ein geräumiges, zweigeschossiges Wohnhaus mit Garage entstehen. Ferner sollte der Einbau eines Aufzugs, zweier rollstuhlgerechter Bäder und ein geringer Energieverbrauch berücksichtigt werden.

Entwurf und Vermittlung
Der Hauptgedanke bestand darin, die Ebene für das Wohnen und Essen mit der Ebene für das Schlafen zu vertauschen und mit einer Rampe den Weg in den Wohnraum zu inszenieren. Die Vermittlung erfolgte fast ausschließlich über Gespräche und anhand von Modellen.

Bestimmende Kriterien
Bestimmende Kriterien waren, das Haus und seine Umgebung komplett barrierefrei zu gestalten, trotz großer Glasflächen einen Niedrigenergiestandard zu erreichen, jedoch einen bestimmten Kostenrahmen nicht zu überschreiten.

Beginn der Zusammenarbeit
Der Bauherr war in den gesamten Planungs- und Bauablauf einbezogen. Es gab jede zweite Woche einen Jour fixe, an dem die wichtigsten Entscheidungen gemeinsam getroffen wurden. Hierzu wurden Gesprächsprotokolle erstellt, um den Verlauf der Planung zu dokumentieren.

Materialien und Verfahrensweisen
Materialien sollten nur in sehr reduzierten Variationen verwendet werden. Holz als Konstruktionsmaterial stand hier im Vordergrund. Die Rampe und der Aufzug sind in Stahlbeton mit einer farbigen Spachteloberfläche gefertigt. Die Bodenbeläge beschränken sich auf Parkett und naturrauen Schiefer.

Leistungsphasen
Ich habe alle Leistungsphasen übernommen.

Schwierigkeiten und Probleme
Von Anfang an wurde auf eine sehr klare und disziplinierte Zusammenarbeit und Korrespondenz geachtet. Dies hat viele Missverständnisse gar nicht erst aufkommen lassen. Der Entwurfsprozess hat vergleichsweise lange gedauert, da die Bauherren sich viel Zeit für die Planung nahmen. Beim nächsten Mal werde ich versuchen, noch radikalere, vielleicht klarere Lösungen durchzusetzen und zu verwirklichen.

Gewinn für den Bauherrn
Durch die Zusammenarbeit mit mir erhielten die Bauherren die Möglichkeit, sich mit neuen Wohnkonzepten, Lichtinszenierungen, Energiekonzepten sowie einer eigenen Art von Gestaltung auseinanderzusetzen.

Tugenden auf beiden Seiten
Die größte Tugend eines Bauherrn ist sicher das Vertrauen in den Architekten. Eine sehr wichtige Tugend des Architekten ist das Zuhören und Verstehen, das Problem des Bauherrn zu erkennen und daraus ein schlüssiges Projekt zu erstellen.

Florian Höfer

Architekt	Reichel Architekten
Bauherr	privat
Nutzung	Einfamilienhaus, Neubau
Wohnfläche	175,00 m²
Nutzfläche	229,00 m²
Lichte Raumhöhe	2,30 m bis 2,80 m
Bruttorauminhalt	878 m³
Konstruktion	Ziegelmauerwerk mit Ziegeldecken, Holzkonstruktion
Grundstücksfläche	1.420,00 m²
Heizwärmebedarf	53,25 kWh/m²a
Primärenergiebedarf	90,19 kWh/m²a
Bauzeit	10/2004–04/2005
Besonderheiten	Niedrigenergiehaus

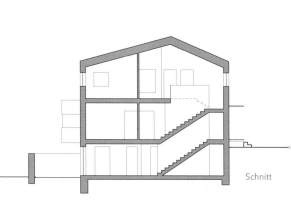

Schnitt

Das Grundstück, oberhalb eines nordhessischen Dorfs gelegen, ist eine große, terrassierte Obstwiese im Übergang zwischen offen bebautem Ortsrand und bewaldeten Hügeln. Eine ebene Fläche des schön gelegenen, jedoch aufgrund der steilen Hanglage schwierig zu bebauenden Grundstücks mit einer Zufahrt im Süden konnte dennoch für ein Haus mit Garten genutzt werden.

Die Gestaltung des Gebäudes geht auf die traditionelle Bauweise der Region ein, ist jedoch modern. Während sich die asymmetrische Form des Satteldachs auf die unterschiedlich steil ansteigenden und abfallenden Hügel bezieht, nimmt der massive Baukörper mit rauem Putz, fehlendem Dachüberstand und mit Läden verschließbaren Fenstern in tiefen Laibungen Bezug auf umliegende Bauten. Der Baukörper besteht durchgehend, bis auf die Betonfertigteil-Treppen, aus verputztem Ziegelmauerwerk. Der Erker und alle Anbauteile wurden als reine Holzkonstruktionen angehängt. Da auch der Dachstuhl aus Ziegeldeckenelementen gefertigt wurde, war das Haus einschließlich der Dachdeckung aus Welleternitplatten bereits nach rund acht Wochen winterfest. Während aufgrund der hohen Porosität der Ziegel der Energieverbrauch im Winter gering bleibt, hilft die hohe Speichermasse im Sommer, das Gebäude kühl zu halten und sorgt zusammen mit dem Lehmputz der Innenwände für ein ausgeglichenes und angenehmes Raumklima.

Die Wohn- und Nutzräume sind auf drei Ebenen verteilt: Das Untergeschoss ist größtenteils im Hang verankert. Hier befinden sich zwei Gästezimmer mit Blick ins Tal, ein Bad sowie ein ebenerdiger Zugang nach Südwesten, während hangwärts die Kellerräume liegen. Im Erdgeschoss leitet ein Hausflur von der Fläche des südlichen Hofs in die Innenräume über. Dort befinden sich Wohn- und Esszimmer sowie die Küche, der Hauswirtschaftsraum und ein WC. Große Fenstertüren führen an der Gartenseite im Norden auf die Terrasse und öffnen die Wohnräume zur Landschaft. Die obere Ebene geht ohne Geschossdecke unmittelbar in den Dachraum über, so dass in den hier befindlichen Schlaf- und Arbeitszimmern ebenfalls ein großzügiger Raumeindruck entsteht.

EG

1 Wohnen
2 Essen
3 Kochen
4 Hauswirtschaft
5 WC
6 Diele
7 Bad

OG

5	WC
6	Diele
7	Bad
8	Schlafen
9	Arbeiten

Während sich die asymmetrische Form des Satteldachs auf die unterschiedlich steil ansteigenden und abfallenden Hügel bezieht, nimmt der massive Baukörper mit rauem Putz, fehlendem Dachüberstand und mit Läden verschließbaren Fenstern in tiefen Laibungen Bezug auf umliegende Bauten.

Der Bauherr

Entscheidung für ein eigenes Haus
Meine Frau und ich wollten gerne auf das Land ziehen, nachdem wir die meiste Zeit unseres Lebens in Großstädten verbracht haben. Ziel war es, ein altengerechtes Haus mit viel Platz für Kinder und Enkelkinder zu errichten.

Weg zum Architekten
Da wir selbst nicht die Kenntnisse haben, konstruktiv- und materialgerecht ein Haus zu errichten, war es für uns selbstverständlich, das Haus von einem Architekten planen und ausführen zu lassen. Der von uns beauftragte Architekt war uns aufgrund von ihm errichteter Bauten bekannt. Er hat uns durch seine ruhige, sachliche Art mit viel Detailkenntnissen und Systematik überzeugt.

Beginn der Planung
Der Architekt war nicht an der Suche eines Grundstücks beteiligt, jedoch von der ersten Entwurfs- und Werkplanung an eingebunden.

Arbeit des Architekten
Wir hatten von Beginn an klare Vorstellungen von den zu erwartenden Kosten, dem zeitlichen Ablauf und auch über die Höhe des Architektenhonorars.

Bild des künftigen Hauses
Die Vorstellungen von den Anforderungen an unser künftiges Haus waren von Anfang an sehr ausgeprägt. Es sollte ein großzügiges Wohnen für die gesamte Familie ermöglichen, wenn sie zusammen ist. Die äußerliche Gestaltung wie auch die räumliche Aufteilung wurden gemeinsam mit dem Architekten entwickelt.

Vermittlung des Entwurfs
Die Diskussion mit dem Architekten hat letztlich zu der endgültigen Ausführung des heute stehenden Gebäudes geführt. Skizzen, Zeichnungen sowie auch Modelle mit beweglichen Einsätzen haben unsere Vorstellungskraft unterstützt.

Änderungen der Planung
Beide Seiten, Bauherr und Architekt, haben sich

Der Architekt

miteinander abgestimmt und auf die gegenseitigen Vorstellungen reagiert. Wichtig für beide Parteien war es, dass die architektonischen Vorstellungen des Architekten mit unseren Ideen und Gedanken in Einklang gebracht wurden.

Teilnahme an der Bauphase
Wir waren zu jeder Zeit in die Bauphasen einbezogen und kontinuierlich auf der Baustelle präsent. Wir standen in ständigem Kontakt mit dem Architekten, um gegebenenfalls Abweichungen von der ursprünglichen Bauplanung kurzfristig zu erörtern und entsprechende Lösungen miteinander zu vereinbaren.

Zeit- und Kostenplan
Der Zeit- und Kostenplan wurden fast genau eingehalten, bis auf die Punkte, bei denen wir nachträglich noch gesonderte Wünsche eingebracht hatten.

Neues Zuhause
Wir fühlen uns sehr wohl in unserem neuen Zuhause. Auch für die weitere Außengestaltung, den Garten, ist der Architekt unser Ansprechpartner geblieben. Wir würden bei baulichen Veränderungen immer einen Architekten heranziehen.

Tugenden auf beiden Seiten
Als wichtige Tugenden eines Architekten bezeichnen wir: Freundlichkeit, sachliches Zuhören gegenüber dem Bauherrn, ihm Architektur zu vermitteln, Überzeugungsarbeit zu leisten. Der Bauherr wiederum sollte zwar seine Wünsche äußern, aber die Gestaltung des Architekten nicht so beeinflussen, dass seine handwerklichen und künstlerischen Fähigkeiten in Frage gestellt werden.

Qualifikation des Architekten
Architekten und ihre Verbände sollten verstärkt darauf hinwirken, gesetzliche Grundlagen zu schaffen, um zu verhindern, dass nicht geprüfte und unkonzessionierte Handwerker bzw. Privatpersonen Hauskonstruktionen entwerfen.

privat

Erstes Treffen
Das erste Treffen diente dem Klären der Aufgabenstellung, dem Entwickeln des Raumprogramms und dem Abtasten formaler Vorstellungen. Natürlich wurde auch die Auftragssituation besprochen. Danach entwickelte ich einen Vorentwurf.

Vorstellungen und Wünsche des Bauherrn
Es gab bereits konkrete Funktions- und Raumvorstellungen, Budget- und Zeitvorgaben. Von mir vorgelegte Beispielprojekte zeigten eher gegensätzliche formale Vorlieben von Bauherr und Bauherrin, die es auszugleichen galt.

Ausgangssituation und Vorgaben
Das Grundstück, die Anzahl und Art der Räume, die Lebensweise der Bauherren sowie das Budget gaben den Rahmen für die Entwurfsplanung vor.

Entwurf und Vermittlung
Das Gebäude sollte sich aus dem Ort sowie der Landschaft entwickeln und mit den regionaltypischen Gebäuden der Umgebung korrespondieren, ohne seine Entstehungszeit zu leugnen. Die Vermittlung erfolgte über Simulationen, Modelle und Zeichnungen.

Bestimmende Kriterien
Das Haus sollte aus einheitlichen Baustoffen materialgerecht konstruiert werden und tradierte Gestaltungsmerkmale mit zeitgemäßen Formen verbinden. Zusätzlich waren eine kurze Bauzeit und geringe Verbrauchsenergiekosten, die ohne großen technischen Aufwand erzielt werden sollten, bestimmende Kriterien für die Umsetzung des Entwurfs.

Beginn der Zusammenarbeit
Die Bauherren waren in jede Phase des Projekts involviert. Der Austausch war entsprechend der fachlichen Tiefe einzelner Schritte unterschiedlich ausgeprägt. Während des Entwurfs und der Bauphase entstand ein intensiverer Dialog als in den stärker projekttechnischen Phasen.

Materialien und Verfahrensweisen
Formal galt mein Interesse der gestalterischen Einbingung in die Umgebung. Technisch wollte ich eine in Verbrauch und Herstellung energetisch minimierte Konstruktion entwickeln. Ziegelfertigteile und hochwärmedämmende, großformatige Ziegel ermöglichten eine relativ kurze Rohbauzeit. Diese Konstruktion ließ auch den Einsatz einer plastischen Putzoberfläche zu.

Leistungsphasen
Aus meiner Sicht ist es notwendig, alle Leistungsphasen aus einer Hand zu koordinieren, um eine durchgängige gestalterische Haltung innerhalb eines Projektes zu erreichen. So war es für mich selbstverständlich, alle Leistungsphasen anzubieten und zu übernehmen.

Schwierigkeiten und Probleme
Bei jedem Projekt gilt es, sich auf die Arbeitsweisen und Lebensstile der Beteiligten einzulassen. Gerade diese Unterschiede ergeben die Vielfalt und Spannung, die zu fruchtbaren und überraschenden Lösungen führen können.

Gewinn für den Bauherrn
Es gibt zählbare, technische Gewinne: das Minimieren von Wartungs- oder Energiekosten, die Kapitalbildung durch selbst genutztes Eigentum oder der maßgeschneiderte Grundriss, das Einhalten des Budgets oder das fachgerechte Ausbilden des Bauwerks. An erster Stelle steht jedoch der Gewinn durch die Verwirklichung der eigenen Vision.

Tugenden auf beiden Seiten
Beide Seiten sollten aufgeschlossen und ergebnisoffen die jeweiligen Aufgaben und Herausforderungen des Entwurfs klären. Bauherr und Architekt müssen die gegenseitigen Erfahrungen, Wünsche und Haltungen respektieren, im Idealfall schätzen. Der Architekt sollte die Bauherren transparent und kommunikativ durch das Projekt führen und dabei die architektonische Qualität als Maßstab zugrunde legen.

Alexander Reichel

Architekt	Philipp Jamme
Bauherr	Dr. Erika und Karl Vogt
Nutzung	Zweifamilienhaus
Wohnfläche	275,00 m²
Nutzfläche	312,00 m²
Lichte Raumhöhe	3,00 m (EG), 2,60 m (OG) 0,80 m bis 4,00 m (DG)
Bruttorauminhalt	1.165,00 m³
Konstruktion	Massivbauweise, Ziegelmauerwerk, Decken aus Stahlbeton
Heizwärmebedarf	76,50 kWh/m²a
Primärenergiebedarf	98,50 kWh/m²a
Baukosten	1.570,00 €/m²
Bauzeit	04/2004–12/2004
Besonderheiten	zwei Generationen unter einem Dach

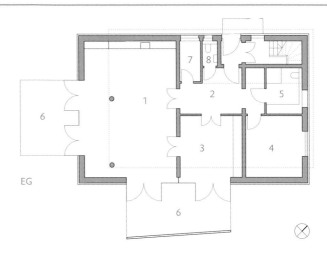

EG

Die „Berliner Vorstadt" Potsdams ist auf drei Seiten von Seen umgeben. In der Rembrandtstraße stehen einige ältere herrschaftliche Villen, die unmittelbare Umgebung des Hauses für zwei Parteien ist jedoch geprägt von schlichten Wohnhäusern von 1918 bis 1930. Sie besitzen aufgrund ihrer Lage am Wasser durchweg einen ausgeprägten Sockel mit Hochparterre sowie in der Regel ein Sattel- oder Walmdach. Das Haus mit Vorgarten steht in der Flucht der Nachbarhäuser, hinter ihm erstreckt sich ein 400 m² großer Garten. Der Zugang erfolgt über eine Pforte und eine Zufahrt mit Carport entlang der nördlichen Grundstücksgrenze.

Die beiden Wohnungen des Hauses können von zwei Generationen einer Familie zusammenhängend, aber auch getrennt bewohnt werden. In dem kubischen Sockel-Baukörper befindet sich die barrierefreie Wohnung der Bauherren. Darauf ruht zweiseitig auskragend ein kleinerer zweigeschossiger Baukörper mit Satteldach, indem sich eine Maisonette-Wohnung befindet. Er besitzt nach Süden und zum Garten hin eine große Terrasse und setzt sich ohne Dachüberstand mit seinem hellen Farbton und dem eben

falls hellen Metall von Dachfläche, Brüstung und Fenstern vom Sockelgeschoss ab. Dieses ist dunkelanthrazit getönt und mit horizontal umlaufenden Lärchenholzleisten verkleidet.

Der Treppenraum liegt in der straßenseitigen nördlichen Ecke des Hauses. Von einer zentralen Diele aus gelangt man in allen Etagen durch verglaste, zum Teil zweiflügelige Türen in die verschiedenen Räume. Im Erdgeschoss bilden der Wohnraum und die Küche eine weitläufige Raumfolge, die sich durch die großen Fenstertüren in den Garten fortsetzt. Im Obergeschoss besteht die Möglichkeit, auf eine umlaufende Terrasse hinauszutreten. Das Dachgeschoss enthält zwei große bis unter den First reichende Kinderzimmer und ein weiteres Bad. Als hochwertige Materialien kommen z. B. Dielen aus Märkischer Kiefer und Schiefer vor. Für die Heizung und einen Teil der Warmwasserbereitung ist eine Gasbrennwerttherme installiert. Mehr als zwei Drittel des Warmwassers wird von den bündig in die Dachfläche eingelassenen Solarkollektoren erzeugt.

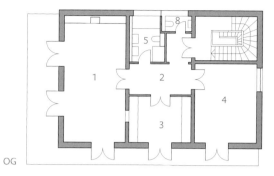

OG

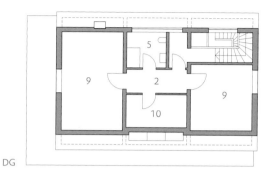

DG

1	Wohnen/Essen	6	Terrasse
2	Diele	7	Hauswirtschaft
3	Kochen	8	WC
4	Schlafen	9	Kind
5	Bad	10	Technik

In dem kubischen Sockel-Baukörper befindet sich die barriere-freie Wohnung. Darauf ruht beidseitig auskragend ein kleinerer zweigeschossiger Baukörper mit Satteldach, in dem sich die Maisonette-Wohnung befindet.

Der Bauherr

Entscheidung für ein eigenes Haus
Nach der Wiedervereinigung stand uns das
Grundstück in Potsdam zur Verfügung. Durch
Erbteilung wurde dann ein Jugendtraum Wirklichkeit, dort ein Haus nach meinem Wunsch zu
bauen. Hier verlebte ich, der Bauherr, einen Teil
meiner Kindheit bis zum Kriegsende.

Weg zum Architekten
Es schien uns selbstverständlich, ein solches
Abenteuer von einem Architekten durchführen
zu lassen. Wir kannten Herrn Jamme schon längere Zeit und hatten bereits mehrere seiner Bauten gesehen. Sie haben uns durch ihre konse-
quente Klarheit und Stilsicherheit überzeugt.

Beginn der Planung
Der Architekt wurde zum Zeitpunkt der Planung
einbezogen.

Arbeit des Architekten
Aufgabe unseres Architekten sollte sein, die gesamte Planung und Durchführung zu übernehmen, zumal wir zuvor weit entfernt von Potsdam
wohnten. Daher waren wir auf eine zuverlässige
Bauführung und intensive Kommunikation angewiesen. Das Honorar des Architekten wurde
dargelegt und war angemessen. Für die Baukosten war ein grober Rahmen vorgesehen.

Bild des künftigen Hauses
Wir hatten viele Vorstellungen, wie unser Haus
aussehen könnte: Es sollte sich in die Umgebung einpassen, modern, zweckmäßig, umwelt-
freundlich und mit guten Materialien gebaut

sein. Da ich gehbehindert bin und daher nur
ebenerdig unter behindertengerechten Bedingungen wohnen kann, wollten wir ein Zweifamilienhaus, das man ohne große Umbauten
ebenso als Einfamilienhaus nutzen könnte. Auch
für Gäste musste ein eigener Bereich gefunden
werden.

Vermittlung des Entwurfs
Die Entwurfsvermittlung war einfühlsam und
zugleich überzeugungsstark. Wir konnten uns
unser fertiges Haus gut vorstellen, da uns viele
Formen der Darstellung geboten wurden, z. B.
Zeichnungen, Grundrisse und Perspektiven.
Ferner gab es häufig persönliche Gespräche.

Änderungen der Planung
Der Architekt hat seine Entwürfe durchaus nach
unseren Vorstellungen gemacht, obwohl er
bei Problemlösungen selbstbewusst und sicher
Überzeugungsarbeit leistete. Wir haben dies nie
bereut.

Teilnahme an der Bauphase
Durch Fotos und Berichte per Fax und Telefon
wurden wir ständig über die Vorgänge auf der
Baustelle informiert, so dass wir sehr gelassen
die Verantwortung abgegeben haben.

Zeit- und Kostenplan
Der Zeitplan wurde genau eingehalten. Der
Kostenplan erfuhr durch besondere Material-
wünsche einige Änderungen, da z. B. für die Böden im Nachhinein doch etwas Höherwertiges
gewählt wurde.

Neues Zuhause
Wir fühlen uns in unserem neuen Haus sehr
wohl und genießen es jeden Tag. Der Architekt
ist auch heute noch unser Ansprechpartner. Mit
ihm würden wir jederzeit wieder bauen.

Tugenden auf beiden Seiten
Wichtigste Tugend des Architekten ist bedin-
gungslose Klarheit in Entwurf und Planung,
Einsatzbereitschaft und Einfühlungsvermögen.
Beim Bauherren sollten ebenfalls klare Vorstellungen bestehen sowie Bereitschaft zur Flexibilität.

Dr. Erika und Karl Vogt

Der Sockel ist dunkel-anthrazit getönt und mit horizontal umlaufenden Lärchenholzleisten verkleidet.
Von der zentralen Diele gelangt man in allen Etagen durch verglaste Türen in verschiedene Räume.

Der Architekt

Erstes Treffen
Die Bauherren und ich kannten uns bereits gut. Sie hatten schon von mir realisierte Projekte angesehen, die ihren Vorstellungen entgegenkamen. Insofern gab es keinen „Kennenlerntermin", sondern einen schrittweisen Einstieg in das konkrete Projekt.

Vorstellungen und Wünsche des Bauherrn
Es gab sehr klare Vorstellungen bezüglich des Raumprogramms und der Nutzungsmöglichkeiten sowie von der Größe des Hauses. Den Bauherren lag eine klare Gestaltung am Herzen. Auch bestand der Wunsch, Holz zu verwenden. Diese Vorstellungen wurden anhand von Fotos von Beispielbauten vermittelt.

Ausgangssituation und Vorgaben
Rahmenbedingungen waren die bauliche Umgebung, das Grundstück und die Verhandlungen mit dem Stadtplanungsamt. Vorgaben der Bauherren waren zwei separat oder auch zusammenhängend zu nutzende Wohneinheiten, die Barrierefreiheit ihrer ebenerdigen Wohnung und Flexibilität bei der Zuordnung des Dachgeschosses.

Entwurf und Vermittlung
Städtebaulich war es das Ziel, die Baulücke harmonisch zu schließen. Das architektonische Konzept bestand in der Interpretation des typischen Sockels, in der Ausbildung des Sockel-Baukörpers und in der Gestaltung der oberen Wohnung als eigenem Körper. Der Entwurf wurde anhand von Zeichnungen, Grundrissen, räumlichen Darstellungen und einem Modell vermittelt.

Bestimmende Kriterien
Alle Parameter waren gleichermaßen zu berücksichtigen. Ein bestimmendes einzelnes Kriterium würde ich nicht hervorheben.

Beginn der Zusammenarbeit
Die Bauherren waren von Anfang an in die Planung einbezogen. Es wurden intensiv Ansätze und Varianten diskutiert, auch Fragen der Konstruktion und der Umsetzung wurden besprochen. Details und Materialien wurden im Zusammenhang des Entwurfs erörtert und gemeinsam festgelegt.

Materialien und Verfahrensweisen
Das gewünschte Material Holz fand seine Verwendung in der Verkleidung des Sockels. Eine gute Isolierung des Gebäudes unter Berücksichtigung der Sonnenseinstrahlung war angestrebt, auch die Nutzung von Solarkollektoren. Mit der gewählten Konstruktion aus Mauerwerk und Stahlbeton konnte das Gebäude nach sieben Monaten fertiggestellt werden.

Leistungsphasen
Wir haben die kompletten Leistungen übernommen.

Schwierigkeiten und Probleme
Es gab gegenseitig eine sachliche, ruhige und offene Zusammenarbeit, auch ein spürbares Vertrauen der Bauherren. Diese gemeinsame Wellenlänge hat das ganze Projekt über sehr gut getragen – und verbindet noch heute. Es gab keine Punkte, in denen sich die eine oder die andere Seite durchgesetzt hat. Einzelne, schwierigere Entscheidungen wurden gemeinsam getroffen. Ich habe nichts Negatives zu erwähnen.

Gewinn für den Bauherrn
Ich glaube, dass die Bauherren sich sehr gerne in diesem Haus aufhalten, sich an der Gestalt und an den Innenräumen erfreuen. Es wird sich auch in der Nutzung bewähren, da die verwendeten Materialien gut altern und sich ebenso gut aufarbeiten lassen.

Tugenden auf beiden Seiten
Es ist ganz wesentlich, dass der Bauherr seine Vorstellungen formuliert. Es ist wichtig, Prioritäten zu setzen und zu differenzieren, z. B. zwischen Funktion, Gestaltung und Geschmack. Der Bauherr ist in der schwierigen Situation, sich einem Architekten anvertrauen zu müssen. Das erfordert beim Bauherrn eine gewisse Beweglichkeit und Fähigkeit des Zurücknehmens – aber keine Selbstaufgabe! Es ist wichtig, dass der Architekt offen ist für die Vorstellungen der Bauherren und sensibel für die Menschen, für die er plant. Entscheidend ist es, ein klares architektonisches Konzept zu entwickeln, zu vermitteln und die Bauherren bei der Umsetzung mitzunehmen. Nur so kommt eine ganzheitliche Gestaltung zustande, mit der die Bauherren sich identifizieren können.

Philipp Jamme

Architekt	Gassner & Zarecky
Bauherr	Eva und Dr. Fritjof Eckert
Nutzung	Einfamilienhaus, Neubau mit Carport
Wohnfläche	167,00 m²
Nutzfläche	94,00 m²
Lichte Raumhöhe	2,40 m (EG, OG)
Bruttorauminhalt	972,00 m³
Konstruktion	Stahlbetonkonstruktion (UG) und Ziegelmauerwerk (EG, DG), Kehlbalkenkonstruktion mit UV-beständiger Folienabdichtung
Grundstücksfläche	791,00 m²
Heizwärmebedarf	48,50 kWh/m²a
Primärenergiebedarf	78,30 kWh/m²a
Baukosten	keine Angabe
Bauzeit	09/2003–07/2004

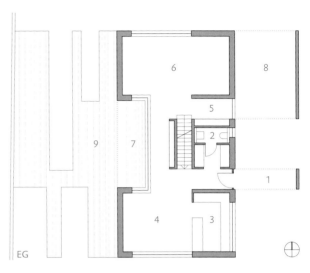

EG

Das freistehende Einfamilienhaus befindet sich in der Gemeinde Grünwald im Süden Münchens. Die umliegende Bebauung ist von Siedlungshäusern der 1950er Jahre mit charakteristischem Steildach ohne Überstand geprägt. Die Typologie sowie die Proportion der Nachbarhäuser sollten zwar aufgenommen werden, jedoch ein zeitgemäßes Erscheinungsbild zeigen. In Bezug auf die Nachkriegsbauweise wurde das Haus konventionell und kostengünstig als Massivbau errichtet.

Die Gestaltung des Grundstücks basiert auf einer Gliederung in Streifen, deren unterschiedliche Materialien sich voneinander absetzen. So bildet die längliche Zone des Eingangs mit dem Tor eine Abgrenzung zur Straße und bietet eine Stellfläche für Fahrräder sowie eine Möglichkeit zur Abfallverwahrung. In Anlehnung an den Straßenbelag ist hier alles in Beton und Betonsteinen gefasst. Ein südlicher Rasenstreifen bildet mit vereinzelten Büschen den Vorgarten, während der nördliche Streifen mit Schaukel und Sandkasten zum Spielen gedacht ist. Hier befindet sich zudem ein separater Abstellraum. Westlich erschließt sich entlang der gesamten Längsseite des Hauses ein Terrassendeck, östlich liegt als Pendant dazu die Zufahrt mit Carport und überdachtem Weg zum Eingang. Auch das äußere Erscheinungsbild des Gebäudes unterliegt der Gestaltung in Streifen, wie sie die Holzverkleidung verkörpert.

Das Haus präsentiert sich dem Besucher mit seiner verputzten Giebelseite, deren großflächige Fenster die Geschosseinteilung erkennen lassen und die Wohnbereiche innen auf der südlichen sowie auf der nördlichen Seite großzügig mit Tageslicht versorgen. Im mittleren Bereich mit der einläufigen Treppe sind in jedem Geschoss die Funktionsräume wie Garderobe, WC, Bäder und Abstellkammern untergebracht. An ihrer westlichen Seite springt die Fassade als Gebäudeeinschnitt zurück, so dass auch die nördlichen Räume belichtet werden. Zugleich entsteht durch diesen Einschnitt ein intimer Charakter, der mittels durchlaufender Schalung im Dach und im Obergeschoss betont wird. Im Erdgeschoss setzt sich dieser Bereich in einem Freisitz fort, der sich einerseits zur Terrasse erweitert, andererseits einen fließenden Übergang nach innen ermöglicht.

1 überdachter Zugang
2 WC
3 Kochen
4 Essen
5 Klavierzimmer
6 Wohnen
7 Freisitz
8 Carport
9 Terrasse mit Grünstreifen
10 Kind
11 Bad
12 Ankleiden
13 Schlafen

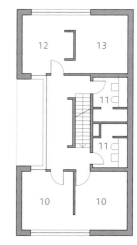

OG

Der Bauherr

Entscheidung für ein eigenes Haus
Da sich die Suche nach einem bestehenden
Objekt schwierig gestaltete, kam der Wunsch
auf, ein an den eigenen Raumbedürfnissen und
gestalterischen Ansprüchen orientiertes Haus
selbst bauen zu lassen.

Weg zum Architekten
Von der Zusammenarbeit mit einem Architekten
versprachen wir uns die Möglichkeit, das Haus
gemeinsam zu planen, kreative Anregungen zu
erhalten und in ihm einen kompetenten Sach-
walter unserer Interessen zu gewinnen. Auf unsere Architekten wurden wir durch eine Archi-
tekturzeitschrift aufmerksam.

Beginn der Planung
Die Architekten wurden nach Kauf des Grundstücks zur Planung hinzugezogen.

Arbeit des Architekten
Von den Aufgaben eines Architekten und seinem Honorar hatten wir aufgrund des Studiums
einschlägiger Zeitschriften und Bücher sowie
durch Gespräche im Freundeskreis bereits genaue Vorstellungen.

Bild des künftigen Hauses
Da wir uns schon längere Zeit mit dem Thema
„Hausbau" beschäftigt hatten, wussten wir konkret, welche Anforderungen unser Haus erfüllen
sollte. Dazu zählten in erster Linie die Raumgrö-
ßen und eine funktionale Raumaufteilung. Ein
konkretes Bild, wie das Haus gestalterisch aussehen sollte, hatten wir nicht.

Vermittlung des Entwurfs
Hinsichtlich der Raumaufteilung stellten uns die
Architekten unterschiedliche Entwürfe zur Diskussion vor. Vor- und Nachteile wurden einge-
hend erörtert. Anhand von Skizzen, Plänen und
schließlich eines Modells konnten wir uns das
fertige Haus gut vorstellen.

Der Architekt

Änderungen der Planung
Die Architekten versuchten stets, unsere Änderungsvorschläge so weit wie möglich in ihr Konzept zu integrieren. Ihre Problemlösungen waren konstruktiv, sach- und kostenorientiert. Änderungen wurden nur nach ausführlicher Rücksprache und mit geringstmöglichen Abweichungen vom ursprünglichen Konzept realisiert.

Teilnahme an der Bauphase
Einige Entscheidungen unsererseits mussten bzw. konnten noch während der Bauphase getroffen werden. Daher wurden wir von den Architekten in etliche Vorgänge dieser Phase zur Entscheidungsfindung einbezogen.

Zeit- und Kostenplan
Der Zeit- und Kostenplan wurde mit geringen Abweichungen eingehalten.

Neues Zuhause
Wir sind mit unserem neuen Zuhause sehr zufrieden. Durch die intensive Zusammenarbeit mit den Architekten hat sich ein freundschaftliches Vertrauensverhältnis entwickelt. Sie sind uns daher über den Bauabschluss hinaus mehr als nur Ansprechpartner geblieben. Wir würden wieder mit einem Architekten bauen.

Tugenden auf beiden Seiten
Die wichtigsten Tugenden des Architekten sind Kreativität, Verständnis für die Bedürfnisse und Wünsche des Bauherrn, Diskussionsbereitschaft, Überzeugungskraft und Verlässlichkeit im Hinblick auf Planungsziele und Kostenmanagement. Die wichtigsten Tugenden des Bauherrn sind Kreativität, Vertrauen in die Architekten, Entscheidungsfreudigkeit und die Bereitschaft, den Bau eines Hauses als Prozess zu begreifen, bei dem auch schwierige Phasen in Partnerschaft mit dem Architekten überwunden werden können.

Eva und Dr. Fritjof Eckert

Erstes Treffen
Bei einem unverbindlichen Gespräch fragten uns die Bauherren nach unseren Entwurfsgedanken, um sich für ein Architekturbüro entscheiden zu können. Daraufhin brachten wir erste Ideen in Skizzenform zu Papier.

Vorstellungen und Wünsche des Bauherrn
Wir haben uns gemeinsam beispielhafte Gebäude im näheren Umfeld angesehen, um ein Gefühl für die Aufgabenstellung zu bekommen. Es gab konkrete Vorstellungen zum Kostenbudget und zum Fertigstellungstermin des Projekts.

Ausgangssituation und Vorgaben
Das Grundstück ist geprägt vom ursprünglichen Ortsbild der umgebenden Siedlungshausstruktur. Neben den Vorstellungen der Bauherren zu Raumprogramm und Funktionalität des Gebäudes war für uns ihr Interesse an Kunst entscheidend.

Entwurf und Vermittlung
Die Vorstellung, das Grundstück in „Gestaltungsstreifen" zu gliedern, begleitete den Entwurf seit der ersten Skizze. Anhand eines Modells im Maßstab 1:100 wurde die räumliche Situation von der Genehmigungsplanung bis zur Materialfestlegung immer wieder überprüft und besprochen.

Bestimmende Kriterien
Der gestalterische Ansatz und das begrenzte Kostenbudget bildeten die Hauptkriterien für das weitere Vorgehen. Die Mehrkosten für das künstlerische Konzept wurden durch reduzierte Ausführungsstandards anderweitig ausgeglichen.

Beginn der Zusammenarbeit
Der Bauherr wird bei einem Bauprojekt grundsätzlich in alle Themen einbezogen. Zahlreiche Besprechungen mit ihm ermöglichten eine maximale Transparenz im Planungsprozess, die für uns eine wichtige Arbeitsgrundlage ist.

Materialien und Verfahrensweisen
Die Dachkonstruktion mit einer Flachdachabdichtung aus Kunststoffbahnen, einer aufwendigen Unterkonstruktion für die Holzbekleidung und die sägerauen Lärchenholzbohlen bedeuten im Vergleich zu einer konventionellen Ziegeldeckung deutliche Mehrkosten.

Leistungsphasen
Unser Büro wurde in zwei Stufen mit den Leistungsphasen 1 bis 8 beauftragt. Wir sind immer froh, wenn die Bauleitung auch von unserem Büro erbracht werden kann, um unnötige Schnittstellen zu vermeiden.

Schwierigkeiten und Probleme
Bei diesem Bauvorhaben ist aus unserer Sicht alles gut gelaufen. Die „Chemie" hat von Anfang an gestimmt, so dass dem angebotenen Du nach Beendigung des Projekts nichts mehr im Wege stand.

Gewinn für den Bauherrn
Grundsätzlich handelt es sich bei dem Bau eines eigenen Hauses um eine der größten Investitionen im Leben eines Menschen. Fehler beim Hausbau begleiten den Bauherrn meist „ein Leben lang". Insofern ist jedes Projekt in Form dieser engen Abstimmung der maximale Garant für ein bestmögliches Ergebnis.

Tugenden auf beiden Seiten
Auf Seiten des Bauherrn gehören Offenheit, Klarheit bei Entscheidungen und Vertrauen in die Arbeit des Architekten dazu. Kreativität, Sensibilität und Kompetenz verbunden mit einer funktionierenden Kommunikation auf Seiten des Architekten bilden dessen Tugenden für eine fruchtbare Planung.

Gassner & Zarecky

Architekt	HEIDE | VON BECKERATH | ALBERTS
Bauherr	Ursula und Christian Majewski
Nutzung	Einfamilienhaus, Neubau
Wohnfläche	185,00 m²
Nutzfläche	215,00 m²
Lichte Raumhöhe	2,79 m (UG), 2,65 m (EG), 1,46 m bis 3,90 m (DG)
Bruttorauminhalt	1.022,40 m³
Konstruktion	Stahlskelett auf Stahlbeton-Streifenfundament, Stahlbetondecken, Wände Holzkonstruktion
Grundstücksfläche	516,00 m²
Heizwärmebedarf	22,85 kWh/m²a
Baukosten	1.364,00 €/m²
Bauzeit	11/2001–06/2002

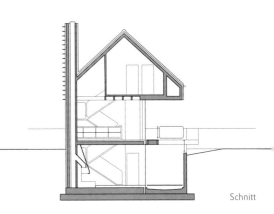

Schnitt

1 Wohnen, Essen
2 Kochen
3 Abstellkammer
4 Eingang
5 Terrasse
6 Rampe

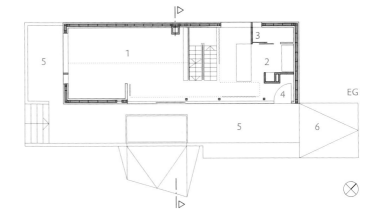

EG

Das Haus für ein Ehepaar befindet sich in der nördlichen Peripherie von Berlin auf einem etwa 500 m² großen Grundstück. Das neu erschlossene Wohngebiet «Am Töppersberg» erstreckt sich auf dem Südhang eines Hügels am Wandlitzsee. Die Gestaltsatzung der Gemeinde sieht eingeschossige Gebäude mit einer bestimmten Traufhöhe, Dachneigung, Material- und Farbgestaltung vor.

Das giebelständige Haus besitzt ein symmetrisches Satteldach mit einer Neigung von 42 Grad. Seine Grundfläche beträgt 8 x 16 m, es liegt an der nordöstlichen Grundstücksgrenze. Den Garten soll später eine Buchenhecke umgeben. Die Außenwände sind monochrom verputzt: Jeweils eine Schmal- und eine Längsseite sind in einem warmen sowie einem kühlen Grauton gehalten.

Auch die Fenster und Fenstertüren sind außen in zwei verschiedenen Grautönen lasiert. Das Dach ist mit glatten, ebenfalls grau gefärbten Tonziegeln gedeckt.

Obwohl nur eingeschossige Gebäude mit Dach erlaubt waren, stehen sich im Inneren drei gleichberechtigte Etagen gegenüber, die über eine durchgehende, zweiläufige Treppe miteinander verbunden sind: Die Fläche des Erdgeschosses mit Küche, Speisekammer, Ess- und Wohnbereich ist durch das für den Stellplatz und die Terrasse ausgeschnittene Volumen reduziert. Das Untergeschoss mit offenem Kamin, einem Gästezimmer mit Bad sowie einem Heizungs- und Abstellraum folgt diesen Abmessungen. Die Belichtung erfolgt über den Lichthof zwischen Stellplatz und Terrasse. Das Obergeschoss mit zwei Schlafräumen und einem weiteren Bad ist im Bereich des Luftraums über dem Wohnbereich im Erdgeschoss eingeschränkt. In konstruktiver Hinsicht besteht das Haus aus mehreren, auf unterschiedliche Weise ineinander greifenden Systemen: Die Fundamentplatte besteht aus Stahlbeton und schließt mit einer Betondecke nach oben hin ab. Sie bildet den Sockel für den darüber liegenden Holztafelbau mit Sparrendach. Decke und Dach sind Holzbalkenkonstruktionen. Zwischen den Deckenbalken befinden sich Stahlträger, die auf Stahlstützen aufliegen und im Bereich des Unterschnitts auskragen.

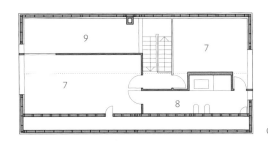

7   Zimmer
8   Bad
9   Luftraum
10 Kaminzimmer
11 Hof
12 Keller

OG

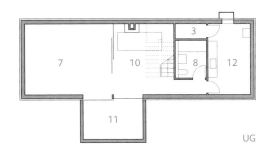

UG

Der Bauherr

Entscheidung für ein eigenes Haus
Ein Einfamilienhaus schien uns besser geeignet zu sein, unsere Vorstellungen von Wohnen, Lebensführung und Freizeitgestaltung umzusetzen als eine Eigentumswohnung.

Weg zum Architekten
Wir hatten mit mehreren Bauträgern gesprochen. Uns waren jedoch eine kritische Auseinandersetzung mit unseren Plänen sowie andere Sichtweisen und Ideen wichtig. Wir wurden aufgrund eines Bausparkassenprojekts für Einfamilienhäuser auf das Büro HEIDE|VON BECKERATH|ALBERTS aufmerksam.

Beginn der Planung
Nach dem Grundstückskauf wurden die Architekten in alle Phasen der Planung und des Baus einbezogen.

Arbeit des Architekten
Da wir die Architekten umfassend beauftragt hatten, sind wir auch von einer entsprechenden Aufgabenwahrnehmung ausgegangen. Die zeitlichen Anforderungen an die Planung, Genehmigung und Ausschreibung hatten wir jedoch unterschätzt. Im Übrigen haben wir auf die treuhänderische Wahrnehmung unserer Interessen durch die Architekten Wert gelegt.

Bild des künftigen Hauses
Unsere Vorstellungen waren recht vage. Wir wollten ein modernes Gebäude, das auf die Bedürfnisse eines Zweipersonenhaushalts zugeschnitten ist, aber gelegentlichen Übernachtungsbesuch zulässt.

Vermittlung des Entwurfs
Nachdem wir uns für einen Entwurf von zwei Vorschlägen entschieden hatten, wurde auf dieser Grundlage im Detail geplant. Von allen Ansichten, Grundrissen und Details standen zu jedem Zeitpunkt aktuelle Pläne zur Verfügung. Später wurde auch ein maßstabgetreues Model des Hauses erstellt.

Änderungen der Planung
Nachdem wir uns z. B. während der Planungsphase entschieden, doch einen Keller zu bauen, konnte dies problemlos umgesetzt werden.

Teilnahme an der Bauphase
Von dem verantwortlichen Bauleiter wurden wir stets über den Baufortschritt und die anstehenden Gewerke auf dem Laufenden gehalten. Darüber hinaus haben wir uns selbst regelmäßig vor Ort ein Bild gemacht. Trotz guter Bauleitung und eigener Kontrolle der Bauarbeiten waren wir letztlich darauf angewiesen, dass die beauftragten Firmen ihr Handwerk verstehen und eine einwandfreie Arbeit abliefern.

Zeit- und Kostenplan
Die geschätzten Kosten konnten nicht eingehalten werden. Aufgrund unerwartet aufwendiger Ausschreibungsverfahren war es schwierig, Angebote von Handwerksfirmen zu erhalten, und dann lagen sie über der erwarteten Höhe. Es kam sicher auch der eine oder andere zusätzliche Ausstattungswunsch von uns hinzu. Ebenso wurde es bei der Zeitplanung eng.

Neues Zuhause
Selbst nach vier Jahren in unserem Haus fühlen wir uns nach wie vor sehr wohl und genießen die großzügigen, hellen und freundlichen Räume. Die Architekten sind nach wie vor unsere Ansprechpartner. Spaß macht auch die Anerkennung von Besuchern. Wir würden deshalb wieder mit einem Architekten bauen.

Tugenden auf beiden Seiten
Den Architekten sollte eine gestalterische Kreativität auszeichnen und sein Bemühen, einen Ausgleich zwischen seinen eigenen Vorstellungen und denen des Bauherrn zu finden. Ferner ist seine kommunikative Fähigkeit wichtig. Der Bauherr sollte zu einer besonnenen Betrachtungsweise finden und sich kritisch mit den Ergebnissen der Ausführung auseinandersetzen.

Ursula und Christian Majewski

Der Architekt

Erstes Treffen
Das erste Gespräch mit Ursula und Christian Majewski fand in unserem Büro statt und diente dem persönlichen Kennenlernen, da ihnen eines unserer Projekte aus Publikationen bereits bekannt war. Es hatte demnach die Bedürfnisse der Bauherren ebenso zum Inhalt wie die Arbeitsweise unseres Büros.

Vorstellungen und Wünsche des Bauherrn
Das freistehende Einfamilienhaus sollte möglichst in Massivbauweise erstellt werden, ein Gästezimmer mit Bad und einen Kamin erhalten sowie die vorhandenen Möbel aufnehmen.

Ausgangssituation und Vorgaben
Die Voraussetzungen für den Entwurf bestanden aus dem mit den Bauherren entwickelten Raumprogramm, dem Grundstückszuschnitt und der leichten Hanglage. Es wurde nicht nur die Brandenburgische Bauordnung zugrunde gelegt, sondern auch der Bebauungsplan der Gemeinde.

Entwurf und Vermittlung
Für die Ideenfindung war ausschlaggebend, eine maximale Nutzungsqualität für die Bauherren und eine Gestaltqualität für das Haus zu erreichen. Es ging darum, zu einer eigenständigen und individuellen Lösung zu kommen. Die Vermittlung erfolgte neben den Zeichnungen über ein Modell.

Bestimmende Kriterien
Die für die Verwirklichung des Projekts bestimmenden Kriterien waren die Konstruktion, die Materialwahl, die Gesamterscheinung sowie der Kostenrahmen.

Beginn der Zusammenarbeit
Die Bauherren wurden von Anfang an einbezogen. Nach der Vorstellung des Entwurfs wurden alle wesentlichen Entscheidungen von uns vorbereitet und daraufhin mit ihnen gemeinsam getroffen bzw. abgestimmt.

Obwohl nur eingeschossige Gebäude mit Dach erlaubt waren, stehen sich im Inneren drei gleichberechtigte Etagen gegenüber, die über eine durchgehende, zweiläufige Treppe miteinander verbunden sind.

Materialien und Verfahrensweisen
Neben der Kombination unterschiedlicher Tragstrukturen, war die Frage nach der Bauweise der Außenwände ein wichtiges Thema. Die Entscheidung fiel für einen geteilten Wandaufbau, einer Holzständerbauweise mit vorgestellter Vollgipswand, der die konstruktiven Anforderungen, die Kosten aber auch die Bedürfnisse der Bauherren nach Solidität und Behaglichkeit in Einklang bringen konnte.

Leistungsphasen
Bei diesem Projekt hat unser Büro alle Leistungsphasen übernommen.

Schwierigkeiten und Probleme
Durch die souveräne und vertrauensvolle Begleitung des Bauprozesses durch die Bauherren ist die Zusammenarbeit konstruktiv und harmonisch verlaufen. Die entstandene Bauzeitverlängerung und eine gewisse Kostenüberschreitung aufgrund aufwändiger Ausschreibungen, die teilweise wiederholt werden mussten, hätten wir lieber vermieden.

Gewinn für den Bauherrn
Den größten Gewinn für die Bauherren sehen wir in der Lebensqualität und dem Grad der Selbstbestimmung, die das Haus für sie darstellt.

Tugenden auf beiden Seiten
Für den Bauherrn gelten der Wille zur Zusammenarbeit und kritisches Vertrauen gegenüber seinem Architekten als Tugenden, für den Architekten hingegen Respekt gegenüber den Bedürfnissen des Bauherrn, Sensibilität und Selbstbewusstsein bei der Entwicklung und Formulierung von Entwurfszusammenhängen sowie Verlässlichkeit bei der Termin- und Kostenplanung.
Tim Heide, Verena von Beckerath und Andrew Alberts

Architekt	tools off.architecture Durant Notter Architekten BDA
Projektleitung	Kerstin Schaich
Bauherr	Kira und Dr. Otto Zuhr
Nutzung	Einfamilienhaus, Neubau
Wohnfläche	288,00 m²
Nutzfläche	93,00 m²
Lichte Raumhöhe	2,65 m (UG), 3,00 m bis 3,50 m (EG), 1,50 m bis 2,70 m (DG)
Bruttorauminhalt	1.599,00 m³
Konstruktion	Stahlbetonrahmenkonstruktion, Massivbau
Grundstücksfläche	1.400,00 m²
Primärenergiebedarf	93,97 kWh/m²a
Heizwärmebedarf	59,62 kWh/m²a
Baukosten	1.772,00 €/m²
Bauzeit	09/2005–06/2006
Besonderheiten	individuelle Fassadengestaltung

Schnitt

Das Haus einer Familie mit zwei kleinen Kindern befindet sich etwas außerhalb der Gemeinde Uffing am Staffelsee. Von dem stark abfallenden Hang erstreckt sich ein weiter Blick über den See bis zum Alpenrand. Auf dem südlichen Teil des Grundstücks konnten eine große Linde und eine Buche erhalten werden.

Es steht quer zum Hang, in dem die Hälfte des Untergeschosses verborgen ist. Das Satteldach mit dunkelgrauer Ziegeleindeckung springt an den Giebelseiten weit vor, so wie es in der regionalen Bauweise typisch ist. Die äußere Erscheinung wird von vertikal gegliederten Schiebeelementen bestimmt, die ein vollständiges Schließen der Fassade ermöglichen. Die Schiebeelemente laufen in zwei bzw. drei Schienen und bestehen aus vertikalen Holzplanken, die auf Lücke montiert sind. Sie sind deckend in vier unterschiedlichen Grau- und Grüntönen lackiert und binden die Fassaden in die Landschaft ein. Die Akzente einzelner weißer Planken und pinkfarbener Kanten nehmen die Farben der umliegenden blühenden Vegetation auf. Die Eingangsseite im Norden lässt nur ein Geschoss erkennen, an der Südseite hingegen kommt das

Untergeschoss zum Vorschein. An der westlichen Seite nimmt eine großflächige, holzgedeckte Terrasse rund zwei Drittel der Längsseite ein. Die Außenanlage wurde so natürlich wie möglich gestaltet. Ein Großteil der Fläche blieb Wiese; Wege und befestigte Flächen wurden in Kies ausgeführt, klare Abgrenzungen zum Gras jedoch vermieden.

Die vier den Gesamtraum im Erdgeschoss überspannenden Rahmen sind in Sichtbeton ausgeführt und gliedern den hallenartigen Innenraum, der zum Wohnen, Kochen und Essen der Familie und ihren Freunden dient. Die rahmenhohen Verglasungen an allen vier Seiten lassen die Grenze zwischen innen und außen fließend erscheinen. Die Seite des Untergeschosses, die sich zur Landschaft öffnet, gehört den Eltern, während die Kinder unter dem Dach ihr Reich haben. Hier tragen die Rahmen eine schalenartige Trockenbaukonstruktion, die an den Seiten abgeschrägt ist und vom Erdgeschoss aus die Sicht bis unter das Dach zulässt. Auf diese Weise wird der weitläufige Hallencharakter unterstrichen.

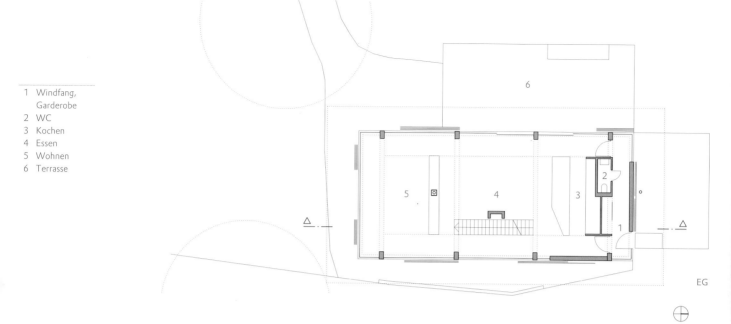

1 Windfang,
  Garderobe
2 WC
3 Kochen
4 Essen
5 Wohnen
6 Terrasse

EG

Die äußere Erscheinung wird von vertikalen Holzplanken bestimmt. Sie sind deckend in vier unterschiedlichen Grau- und Grüntönen lackiert und binden die Fassaden in die Landschaft ein.

Der Bauherr

Entscheidung für ein eigenes Haus
Wir hatten den Wunsch, für die ganze Familie einen sehr individuellen Lebensraum in einer schönen Umgebung zu schaffen.

Weg zum Architekten
Wir wären nie auf die Idee gekommen, ein Haus ohne einen entsprechenden Experten in Form eines Architekten zu bauen. Unsere Architekten wurden uns „von Mund zu Mund" empfohlen. Überzeugt haben uns die präsentierten Referenzprojekte.

Beginn der Planung
Wir haben unsere Architekten bereits vom ersten Moment an hinzugezogen, d. h. bereits vor der Auswahl eines geeigneten Grundstücks.

Arbeit des Architekten
Unsere Vorstellungen waren in allen Belangen der Bauplanung bzw. des Bauprozesses sehr vage.

Bild des künftigen Hauses
Die Anforderungen an das zu bauende Haus waren uns dagegen relativ klar. Ein bestimmtes Bild bezüglich der äußeren Erscheinungsform hatten wir nicht im Kopf.

Vermittlung des Entwurfs
Von einer Vermittlung des zeichnerischen Entwurfs kann man in unserem Fall nicht sprechen. Da sich bereits die erste Planungsphase über einen längeren Zeitraum erstreckte, hatten wir die Möglichkeit, die Entwicklung des Entwurfs „mitzuerleben". Die Vermittlung selbst erfolgte sehr effektiv mit einfachen Mitteln: Skizzen, Modellen und bei Ortsterminen.

Änderungen der Planung
Die Flexibilität und Problemlösungen waren eigentlich während der ganzen Planungs- und Bauzeit von Argumenten auf beiden Seiten geprägt, d. h. die Architekten waren flexibel, haben aber ihre Ansätze nicht gleich aufgegeben, sondern versucht, uns mit Argumenten zu

Die vier den Gesamtraum im Erdgeschoss überspannenden Rahmen sind in Sichtbeton ausgeführt und gliedern den großzügigen Innenraum, der zum Wohnen, Kochen und Essen der Familie und ihren Freunden dient. Die rahmenhohen Verglasungen an allen vier Seiten lassen die Grenze zwischen innen und außen fließend erscheinen.

Der Architekt

überzeugen. Dieses „Reiben" war in einigen Situationen sehr fruchtbar, was das Ergebnis anbelangt.

Teilnahme an der Bauphase
Es war uns sehr wichtig, dass wir im Rahmen unserer Möglichkeiten sehr intensiv in die Bauphase miteinbezogen wurden.

Zeit- und Kostenplan
Was die Zeit anbelangt, hat uns ein langer und harter Winter im Weg gestanden, bei dem die Arbeiten ruhten. Was die Kosten anbelangt, erfolgten die Korrekturen rechtzeitig und in Absprache mit uns. Wir stellen im Nachhinein fest, dass das Kostenmanagement des Architekturbüros optimal war und nicht hätte transparenter oder gar besser gemacht werden können.

Neues Zuhause
Wir fühlen uns sehr wohl und im Moment ist unser Gefühl, dass – hätten wir die Chance, nochmals von vorne zu beginnen – unser Haus nicht wesentlich anders aussehen würde.

Tugenden auf beiden Seiten
Kreativität, Stilsicherheit und Fachkompetenz sind sicherlich die wichtigsten Eigenschaften eines Architekten. Für die spezielle Situation eines Einfamilienhauses, ist aus unserer Sicht ein hohes Verantwortungsgefühl für das Budget der Bauherren elementar. Trifft ein gewisses Einfühlungsvermögen seitens der Architekten auf eine gewisse Offenheit seitens der Bauherren, haben beide gemeinsam die Chance, einen „Maßanzug" mit ansprechender Architektur zu schaffen.
Kira und Dr. Otto Zuhr

Erstes Treffen
Wir kannten den Bauherrn bereits von früheren Projekten und seine Vorstellungen von Wohnen, ebenso war ihm unser Verständnis von Architektur bekannt. Das Grundstück wurde erst gekauft, nachdem wir einen Vorentwurf für das Haus dafür erstellt hatten.

Vorstellungen und Wünsche des Bauherrn
Der Bauherr wünschte sich ein offenes Haus, das zeitgemäßes, individuelles Wohnen zulässt. Es sollte in seinem Erscheinungsbild jedoch zurückhaltend und kein Fremdkörper im Dorf sein.

Ausgangssituation und Vorgaben
Es gab eine restriktive Ortsgestaltungssatzung. Die Wünsche des Bauherrn bezüglich der Raumfunktionen waren klar und präzise. Die Höhe des Budgets ließ eine unproblematische Umsetzung zu.

Entwurf und Vermittlung
Das Haus sollte sich in das natürlich belassene Grundstück einfügen. Als Vorbild diente die einfache, klare Gestaltung der Torfhütten rund um den Staffelsee. Der Innenraum sollte eine flexible Nutzung erlauben und die Landschaft erlebbar machen. Wir haben dieses Konzept mit unterschiedlichen Modellen und einer Fotomontage dargestellt.

Bestimmende Kriterien
Die Ortsgestaltungssatzung ließ keine Öffnungen größer als 0,7 m² zu, ohne dass eine Versprossung erfolgt. Zudem sollte das Dach rot eingedeckt werden, was die Idee des unauffälligen Einfügens in die Landschaft verhindert hätte. Prinzipiell war der Gemeinderat jedoch aufgeschlossen und konnte von unserem Konzept überzeugt werden.

Beginn der Zusammenarbeit
Die Planungszeit betrug länger als ein Jahr, die Ausführungszeit einschließlich der Außenanlage dagegen nur ca. zehn Monate. Es gab wöchentliche Termine, bei denen bis ins letzte Detail die Planung besprochen wurde und Beschlüsse in Protokollen festgehalten wurden.

Materialien und Verfahrensweisen
Wesentlicher Bestandteil des Hauses sind Schiebeelemente, die Ein- und Ausblicke regulieren und außerdem als Sonnenschutz dienen. Sie sind zugleich gestalterisches Mittel, um der vorgegebenen Kleinteiligkeit der Fassaden gerecht zu werden. Der Innenraum wird bestimmt durch die Stahlbetonrahmenkonstruktion, die einen loftartigen Raum erlaubt mit einer nahezu vollständigen Verglasung im Erdgeschoss.

Leistungsphasen
Unser Büro wurde für die Leistungsphasen 1 bis 9 beauftragt, also für die kompletten Grundleistungen, zudem waren wir für die Gestaltung der Außenanlage verantwortlich. Eine zusätzliche Beauftragung erfolgte für die Gestaltung der Einrichtungsgegenstände und der Küche. Die Bauleitung wurde auch von uns übernommen. So konnte die optimale Umsetzung der Planung sichergestellt werden.

Schwierigkeiten und Probleme
Unsere Vorgehensweise, zuerst die Planungen komplett abzuschließen und dann erst mit der Realisierung zu beginnen, hat gut funktioniert. Es gab kaum Änderungen während der Bauphase. Das Budget wurde eingehalten.

Gewinn für den Bauherrn
Die Bauherren konnten sich ihren Traum erfüllen, in einem maßgeschneiderten Haus zu wohnen.

Tugenden auf beiden Seiten
Der Bauherr sollte die Fähigkeit haben, die Kompetenz des Architekten zu schätzen und zu respektieren. Und der Architekt sollte die Fähigkeit besitzen, aufgabenbezogene Lösungen zu entwickeln und professionell umzusetzen.
**tools off.architecture
Durant Notter Architekten**

Architekt	dd1 architekten
Bauherr	Annette und Thorsten Körner
Nutzung	Einfamilienhaus, Neubau mit Garage
Wohnfläche	173,50 m²
Nutzfläche	72,50 m²
Lichte Raumhöhe	2,46 m bis 4,94 m
Bruttorauminhalt	1.273,00 m³
Konstruktion	Stahlbetonkonstruktion mit Kalksandsteinmauerwerk (tragende Wände) und Gipskarton (nicht tragende Wände), Holztragwerk (Dachstuhl)
Grundstücksfläche	2.175,00 m²
Baukosten	1.180,00 €/m²
Bauzeit	05/2005–03/2006

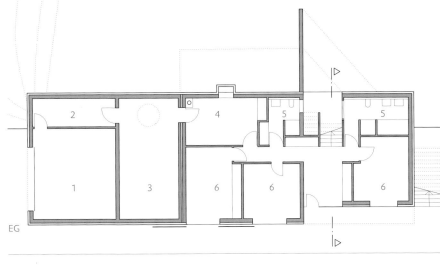

EG

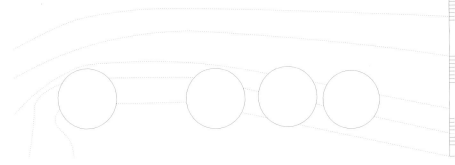

1 Garage
2 Abstellraum
3 Werkstatt
4 Technik
5 Bad
6 Schlafen

Das Grundstück der Familie Körner befindet sich auf einem kleinen Hochplateau an einem Hang, der in nördlicher Richtung 15 m abfällt. Von hier aus fällt der Blick auf das Stadtzentrum Zweibrückens und weit in das Saarland hinein. An der westlichen Seite schirmt ein Wald das Grundstück ab. Die bestehenden alten Bäume auf den terrassenartigen Abstufungen konnten erhalten werden.

Das zweigeschossige Einfamilienhaus mit Satteldach füllt mit seiner Grundfläche exakt die Tiefe des Plateaus aus. Die Rückseite des Erdgeschosses liegt zum Teil im Hang, erst in Höhe des Obergeschosses schließt sich hier ein Garten an. Eine geschwungene Zufahrt führt zunächst zur Garage, die zusammen mit der benachbarten Werkstatt eingeschossig die Verlängerung

des Erdgeschosses ausmacht. Ein Weg führt an der Längsseite des Hauses vorbei zum Eingangsbereich, der zurückspringend den Übergang ins Innere markiert. Zwei Fenstertüren mit metallischen Schiebeläden im Erdgeschoss und ein großflächiges Fensterband im Obergeschoss ermöglichen einen schönen Ausblick. An der Südseite ist der Baukörper in der Länge der Terrasse zurückgenommen, hier öffnet eine breite Schiebetür den Wohnraum über den Freisitz zum Garten.

Das Gebäude gliedert sich in zwei Ebenen, deren räumliche Eigenschaften aufgrund der Hanglage unterschiedlich ausgebildet sind: Das Erdgeschoss mit drei Schlafräumen, zwei Bädern und einem Arbeitszimmer besteht aus einzelnen Zimmern. Das darüber liegende Geschoss hin-

gegen wird von dem offenen Wohnbereich mit Essplatz und Küche ausgefüllt. Eine zweiläufige Treppe mit einer großen Fensteröffnung in Höhe des Treppenpodests führt vom Eingangsflur direkt dorthin. Hier befinden sich auch die Garderobe und das Gäste-WC. Die Raumhöhe des Obergeschosses erstreckt sich halbseitig bis zum Giebel. Die so entstehende großzügige Raumwirkung wird durch einen weißen Innenanstrich betont, das Parkett und die mit Eichenholz verkleideten Fensterlaibungen vermitteln eine warme Note. Die Energie wird über eine thermische Solaranlage bezogen, die durch eine Pelletsheizung betriebene Fußbodenheizung verteilt die Wärme über die Bodenfläche.

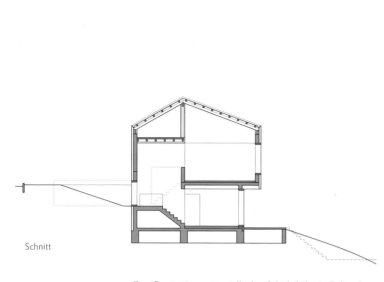

Schnitt

Zwei Fenstertüren mit metallischen Schiebeläden im Erdgeschoss und ein großflächiges Fensterband im Obergeschoss ermöglichen einen schönen Ausblick.

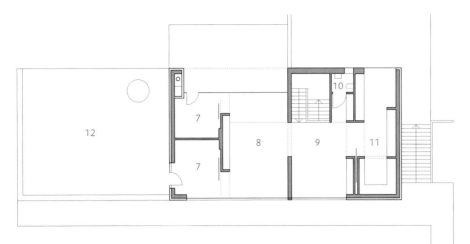

OG

7 Arbeiten
8 Wohnen
9 Essen
10 WC
11 Kochen, Hauswirtschaft
12 Dachterrasse

Der Bauherr

Entscheidung für ein eigenes Haus
Wir bewohnten zusammen mit unseren beiden
Kindern eine Wohnung, die auf Dauer gesehen
zu klein war. Außerdem war der Garten von der
Wohnung aus nicht direkt zugänglich.

Weg zum Architekten
Den Architekten und einige seiner umgesetzten
Projekte kannten wir bereits aus dem familiären
Umfeld. Wir waren von ihnen immer sehr an-
getan.

Beginn der Planung
Das Grundstück war bereits in Familienbesitz
vorhanden. Bei ersten gemeinsamen Begehun-
gen schilderten wir dem Architekten unsere
Wünsche hinsichtlich der Lage des Hauses und
seinen Wohnräumen.

Arbeit des Architekten
Während des gesamten Bauvorhabens bestand
ein enger und konstruktiver Kontakt zum Architekten. Aufgrund der großen räumlichen Distanz
war jedoch von Anfang an klar, dass er nicht die
Bauleitung übernehmen würde.

Bild des künftigen Hauses
Die Geländestruktur und die exponierte Lage
des Grundstücks bedingten einige Vorgaben zur
Raumaufteilung. Auch bei der Anzahl der Zimmer gab es bereits konkrete Vorstellungen. Im
Bezug auf die äußere Gestaltung des Hauses waren wir für alles offen.

Vermittlung des Entwurfs
Der Architekt erstellte erste Pläne und ein Modell, das in Stil und Aufteilung unsere Zustim-
mung fand. Im weiteren Verlauf der Planung
näherte sich das Projekt durch Telefonate, persönliche Gespräche und E-Mails zunehmend seiner endgültigen Form. Auch unsere Vorstellung
wurde mit weiteren Skizzen, Plänen und Modellen immer konkreter.

Das Grundstück befindet sich auf einem kleinen Hochplateau an einem Hang. Von hier aus fällt der Blick auf das Stadtzentrum Zweibrückens und weit in das Saarland hinein.

Der Architekt

Änderungen der Planung
Der Architekt war stets bereit, unsere Wünsche und Anregungen in seiner Planung umzusetzen und in enger Zusammenarbeit auch Alternativen zu entwickeln.

Teilnahme an der Bauphase
Aufgrund der geringen Distanz unseres alten Wohnorts zur Baustelle waren wir häufig dort und somit in alle Abläufe eingeweiht. Mit der Überwachung der Arbeiten war ein freiberuflicher Bauleiter beauftragt worden, der uns stets ein guter Berater war.

Zeit- und Kostenplan
Es kam bei mehreren Bauphasen zu zeitlichen Verzögerungen, z. B. ergaben sich etwa Probleme bei der Herstellung der großen Fensterelemente. Auch die geplanten Kosten wurden zum Teil durch den erhöhten Aufwand aufgrund der schlechten Zugänglichkeit der Baustelle und ihrer großen Entfernung zur Straße überschritten.

Neues Zuhause
Wir fühlen uns in unserem Haus sehr wohl. Die Räumlichkeiten übertreffen bei weitem unsere Erwartungen. Wir bewohnen jetzt ein Haus, das wir ohne einen Architekten wohl nicht hätten realisieren können.

Tugenden auf beiden Seiten
Es ist wichtig, dass der Architekt die Lebensweise des Bauherrn erkundet und dessen Vorstellungen in seinen Entwürfen umsetzt. Der Bauherr sollte offen sein für die Vorschläge des Architekten und sich auf ihn einlassen. Zudem sollte er Zeit und Geduld aufbringen.
Annette und Thorsten Körner

Erstes Treffen
Das erste Treffen war ein Gesprächstermin, um die Wünsche und gestalterischen Vorstellungen der Bauherren zu erfahren. Das Grundstück war beiden Seiten bekannt.

Vorstellungen und Wünsche des Bauherrn
Bereits in dem ersten Gespräch formulierten die Bauherren ihre Wünsche für das neue Haus, wie z. B. große Fenster oder den Einbau einer Pelletsheizung. Ferner sollte es von dem Wohnzimmer und den Schlafräumen ebenerdige Zugänge geben, eine große, zusammenhängende Wohnzone sowie einzelne Rückzugsräume.

Ausgangssituation und Vorgaben
Die Fläche sollte vollständig ausgenutzt werden, das Haus der vierköpfigen Familie viel Platz bieten. Außerdem sollte es energetisch optimiert sein.

Entwurf und Vermittlung
In erster Linie sind die Bauherren mit ihren Wünschen entwurfsbestimmend. Das zweite wichtige Thema ist der Ort. Entworfen wurde anhand von Skizzen und Modellen, die mit den Bauherren gemeinsam diskutiert wurden.

Bestimmende Kriterien
Das Raumprogramm resultierte daraus, wie die Familie wohnen wollte. Aufgrund der Hanglage musste der hohe Erschließungsaufwand z. B. für die Leitungen und die Zufahrt berücksichtigt werden.

Beginn der Zusammenarbeit
Die Bauherren waren zu jedem Zeitpunkt über den aktuellen Stand des Projekts informiert. In entscheidenden Phasen wurden Gesprächstermine vereinbart, die mit Modellen, Zeichnungen, Bildern und Materialproben vorbereitet worden sind.

Materialien und Verfahrensweisen
Aufgrund der schwierigen Hanglage wurde der Bau in einer konventionellen Konstruktion erstellt. Diese Entscheidung fiel aufgrund des zur Verfügung stehenden Budgets, des zu optimierenden Bauablaufs und des zu diesem Zeitpunkt erreichten Entwurfsstands.

Leistungsphasen
Unser Büro hat die Leistungsphasen 1 bis 7 ausgeführt. Durch die räumliche Distanz unseres Büros zur 600 km entfernten Baustelle war es nicht möglich, auch Leistungsphase 8 zu übernehmen. Ein Bauleiter wurde von uns vorgeschlagen und von den Bauherren beauftragt. Die Kommunikation erfolgte zu regelmäßigen Terminen bzw. telefonisch oder per E-Mail. Bauherr und Bauleiter hatten zeitweise täglich Kontakt, über den unser Büro von beiden informiert wurde.

Schwierigkeiten und Probleme
Das Ziel, das Projekt gemeinsam zu entwickeln, haben wir, so glaube ich, erreicht. Es hat sich herausgestellt, dass auch über große Distanzen per E-Mail und Telefon sehr gut kommuniziert werden kann. Aus eigenem Interesse wäre es wünschenswert gewesen, wenn wir öfter auf der Baustelle hätten anwesend sein können.

Gewinn für den Bauherrn
Wir glauben, dass die Bauherren das Haus erhalten haben, das sie zu Beginn des Projekts beschrieben haben. Ihre formulierten Vorstellungen zum Wohnen, zur Grundstücksgestaltung, zur Energieversorgung und zum Budget wurden umgesetzt.

Tugenden auf beiden Seiten
Für beide Seiten gilt zuzuhören und eine absolute Offenheit gegenüber den Vorstellungen bzw. Erfahrungen des Anderen. Das gemeinsame Arbeiten am Ziel ist dann möglich, wenn die grundlegenden Parameter zu Beginn des Projekts formuliert werden. Nur eindeutige Positionen können den Diskussionsprozess überstehen.
Eckhard Helfrich und Lars Olaf Schmidt

Architekt	Architekturbüro Wallner
Bauherr	Kurt Fellner
Nutzung	Mehrfamilienhaus mit vier Wohneinheiten, Neubau
Wohnfläche	328,69 m²
Nutzfläche	312,62 m²
Lichte Raumhöhe	2,42 m
Bruttorauminhalt	1.411,50 m³
Konstruktion	Massivbauweise mit Wärmedämm-Verbundsystem
Grundstücksfläche	623,00 m²
Primärenergiebedarf	29,00 kWh/m²a
Heizwärmebedarf	45,00 kWh/m²a
Baukosten	1.325,00 €/m²
Bauzeit	08/2001–06/2002
Besonderheiten	individuelles Mehrfamilienhaus

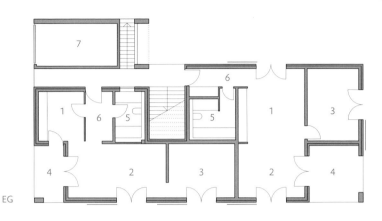

EG

1 Kochen
2 Wohnen
3 Schlafen
4 Freisitz
5 Bad
6 Diele
7 Garage

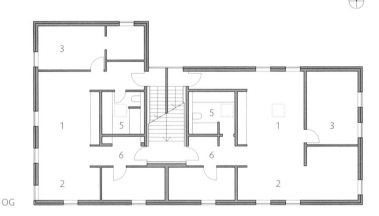

OG

Das Baugrundstück befindet sich im Münchner Norden gelegenen Stadtteil Harthof. Die bestehende Parzellierung geht zu einem großen Teil auf die 1930er Jahre zurück. Hier standen ursprünglich kleine Einfamilienhäuser von Arbeitern, die von zugehörigen Gärten zwecks Selbstversorgung umgeben waren. Mittlerweile liegt eine heterogene Bebauung bestehend aus Mehrfamilienhäusern, Reihen- und Doppelhäusern vor.

Im Hinblick auf diese bauliche Tradition sollte ein Mehrfamilienhaus mit unmittelbarem Bezug zu privaten Gärten für jede der vier Mietparteien entstehen. Die mittlerweile nicht mehr geltende Gartenstadtsatzung Münchens sah vor, jeder Wohnung einen Freibereich als Garten zuzuordnen bei einer das Gebäude insgesamt umgebenden Gartenfläche. So teilen sich die beiden Mietparteien im Erdgeschoss die Fläche, die das Gebäude umgibt. Der Zugang zum Garten erfolgt über jeweils einen gedeckten Freisitz. Für die beiden Wohnungen im Obergeschoss wurden zwei nicht einsehbare Dachgärten angelegt. Eine wohnungsinterne Treppe führt jeweils in einen gemauerten Dachaufbau, an den sich zu beiden Seiten eine mit einem Lärchenholzrost gedeckte Terrasse anschließt. Ferner kann hier jeder Mieter innerhalb der Ummauerung seinen Bereich umfangreich bepflanzen. Das zweigeschossige, teilunterkellerte Gebäude fügt sich als lang gestreckter Baukörper mit zwei unterschiedlich langen Schmalseiten in die Grundstücksfläche ein. Vor den großen Naturholzfenstern im Erdgeschoss befinden sich

Schiebeläden mit Holzlamellen als Sichtschutz. Im Gegensatz zu der zurückhaltenden Fassadengliederung fällt die in einem kräftigen Orange gehaltene Putzoberfläche ins Auge. Dieser mit einer Wischtechnik aufgetragene Farbton nimmt Bezug auf mediterrane Architektur wie auch die Zugangsgestaltung mittels offener, jedoch gedeckter Zonen.

Bei den hochwertig ausgestatteten Zwei- bis Vierzimmerwohnungen bildet der große Wohn- und Essraum den Mittelpunkt, in den die Küche entweder integriert oder als separater Raum angelegt ist. Während die tragenden Wände in Massivbauweise ausgeführt sind, lassen die Raumtrennwände in Trockenbauweise eine flexible Veränderbarkeit der Wohnungsgrundrisse zu.

Die in einem kräftigen Orange gehaltene Putzoberfläche fällt ins Auge. Der Farbton nimmt Bezug auf mediterane Architektur wie auch die Eingangsgestaltung mit ihrem offenen jedoch gedeckten Zonen.

Der Bauherr

Entscheidung für ein eigenes Haus
Die Überlassung eines Grundstücks hat zu meinen Plänen zu bauen geführt.

Weg zum Architekten
Mein Architekt hat mir ein Leistungsverzeichnis zukommen lassen für ein von ihm geplantes Bauvorhaben in der Nähe meines Firmensitzes. Durch mehrere Gespräche kamen wir auf meine Baupläne zu sprechen. Ursprünglich wollte ich ein Fertighaus bauen. Überzeugt hat mich mein Architekt durch seine außerordentliche Fachkompetenz und „Gestaltungsspinnereien".

Beginn der Planung
Der Architekt Christof Wallner wurde vom Entwurf bis zur Endabnahme einbezogen.

Arbeit des Architekten
Die Aufgaben eines Architekten waren mir bekannt, da ich in der Baubranche selbständig tätig bin. Der Bauprozess wurde von dem Architektenteam Wallner akribisch genau aufgelistet und erklärt, so dass ich jederzeit bestens informiert war.

Bild des künftigen Hauses
Es war ein Mietshaus mit vier Wohnungen vorgesehen, mit großzügigen und offenen Wohnräumen, die eine besondere Ausstattung mit asiatischem Flair erhalten sollten. Außerdem war Voraussetzung, dass die Bewohner uneinsehbare Dachterrassen bzw. Gärten bekommen, um ihnen ein „Eigenes-Haus-im-Haus-Gefühl" zu vermitteln.

Vermittlung des Entwurfs
Es wurden mir drei ausführliche Entwürfe vorgelegt. Von der ausgewählten Variante wurde ein maßstabgerechtes Modell gebaut und bei langen Diskussionen und gemeinsamen Abendessen weiterentwickelt.

Der Architekt

Änderungen der Planung
Änderungen und Probleme bei dem Entwurf und der Planung wurden schnell und professionell von Herrn Wallner, Frau Steinert und Frau Müller umgesetzt bzw. beseitigt.

Teilnahme an der Bauphase
Ich wurde in jede Phase des Bauvorhabens einbezogen, hatte fast täglich Kontakt zur Mitarbeiterin Frau Steinert, die auch als Bauleiterin fungierte.

Zeit- und Kostenplan
Der Zeit- und Kostenplan wurde eingehalten.

Neues Zuhause
Die Mieter fühlen sich außerordentlich wohl in ihrem durch leuchtende Farbigkeit schwebenden Kubus, der selbst an trüben Tagen den Süden in den Münchner Norden zaubert. Auch nach Bauabschluss sind mein Architekt und sein Team meine Ansprechpartner geblieben, die mich bei weiteren Planungen kostenfrei beraten werden. Ich würde jederzeit wieder mit einem Architekten bauen, der meine Vorstellung vom Bauen versteht, verbessert und umsetzt wie das Architektenteam Wallner.

Tugenden auf beiden Seiten
Die wichtigsten Tugenden eines Architekten sollten Einfühlungsvermögen und Kreativität sein, die eines Bauherrn Teamfähigkeit und Neugier, zudem sollte er informiert und kritisch sein.

Kurt Fellner

Erstes Treffen
Wir suchten für ein anderes Bauvorhaben einen Malermeister und baten Herrn Fellner um ein Angebot. Er sagte: „So ein Zufall, ich suche gerade einen Architekten!" Das erste Treffen fand spontan auf dieser Baustelle statt. Das Objekt und der Zustand der Baustelle haben Herrn Fellner so gut gefallen, dass er sich sofort für uns entschieden hat.

Vorstellungen und Wünsche des Bauherrn
Der Bauherr hatte eine bauantragsfähige Bauträgerplanung als Einstieg in die Vorentwurfsphase vorgelegt. Seine Sachwünsche waren: langfristige Wertschöpfung, Vermietbarkeit in gehobenem Standard, niedrige Erstellungs- und Bauunterhaltskosten, hohe gestalterische Qualität. Es war nicht schwer, ihn gegen die Bauträgerplanung und für seine Wünsche zu überzeugen.

Ausgangssituation und Vorgaben
Die Ausgangssituation wurde durch ein knapp bemessenes Grundstück und den Wunsch des Bauherrn bestimmt, vier Wohneinheiten mit insgesamt mindestens 300 m² Wohnfläche kostengünstig zu realisieren. Unserem Entwurf lag die Frage zugrunde: Wie sehen bei sehr minimierten Abständen zu den Nachbargrundstücken hochwertig nutzbare und hochpreisig vermietbare Wohnungen aus?

Entwurf und Vermittlung
Unsere zentralen Ideen waren: Jeder Grundriss muss besonders sein, jede Wohnung braucht einen attraktiven Freibereich und muss ihre Eingangstür an der Außenluft haben. Es gab verschiedene Entwurfsvarianten, die unterschiedlich präsentiert wurden. Dazu gehörten ansprechende und erläuternde Visualisierungen mit Skizzen und Zeichnungen sowie ein Modell.

Bestimmende Kriterien
Die Sachwünsche des Bauherrn waren die bestimmenden Kriterien für die Verwirklichung des Projekts.

Beginn der Zusammenarbeit
Der Bauherr wurde bei allen inhaltlichen Fragen der Planung einbezogen. Dies erfolgte, wie bei all unseren Projekten, nahezu ausschließlich an einem großen Tisch in vielen persönlichen Gesprächen.

Materialien und Verfahrensweisen
Die Materialien und Verfahrensweisen wurden gemäß den Wünschen des Bauherrn ausgewählt, geplant und ausgeführt. Sie waren eine wesentliche Grundlage für die Erreichung der technischen, wirtschaftlichen und gestalterischen Ziele.

Leistungsphasen
Der Bauherr hat mein Büro mit den Leistungsphasen 1 bis 8, d. h. der kompletten und fachübergreifenden Planungsleistung und Bauüberwachung bis zur Schlüsselfertigkeit beauftragt.

Schwierigkeiten und Probleme
Aus unserer Sicht kann die Zusammenarbeit mit dem Bauherrn nicht besser sein, als sie es bei diesem Projekt gewesen ist. Ich kann mich an keine Schwierigkeiten zwischen dem Bauherrn und meinem Büro erinnern.

Gewinn für den Bauherrn
Der Bauherr ist zufrieden mit seinem sehr gut vermieteten Neubau. Es gibt nahezu keine Ausführungsmängel. Der Gewinn liegt auf Architektenseite: Was wäre der Architekt ohne aufgeschlossenen Bauherrn?

Tugenden auf beiden Seiten
Die wichtigsten Tugenden von Bauherren und Architekten sind Interesse und Vertrauen.

Architekturbüro Wallner

Architekt	Bohn Architekten
Bauherr	Markus Bernhard
Nutzung	Einfamilienhaus, Neubau
Wohnfläche	230,00 m²
Nutzfläche	255,00 m²
Lichte Raumhöhe	2,50 m bis 9,00 m (EG)
Bruttorauminhalt	1.160,00 m³
Konstruktion	Dickholzkonstruktion, Wärmedämmung außen mit vorgehängter, hinterlüfteter Fassade aus Faserzementschindeln
Grundstücksfläche	831,00 m²
Baukosten	1.568,00 €/m²
Bauzeit	07/2002–02/2003
Besonderheiten	mit Faserzement-Schindeln verkleidetes Holzhaus

Schnitt

Das gesamte Gebäude – Dach und Außenwände – ist mit schwarzen Faserzement-Schindeln verkleidet. Sparsame Details, eine hinter der Verkleidung liegende Dachrinne und außenbündig eingebaute Verglasungen runden das schlichte Erscheinungsbild des Hauses ab.

Das freistehende Haus liegt in der ländlichen Umgebung Augsburgs direkt am Waldrand. In die schwäbische Dachlandschaft fügt sich der schlichte, rechteckige Baukörper mit seinem 45 Grad geneigten Satteldach harmonisch ein. Zwar entspricht die Farbe Schwarz den umliegenden Dächern, jedoch ist hier das gesamte Gebäude – Dach und Außenwände – mit schwarzen Eternit-Schindeln verkleidet. Sparsame Details, eine hinter der Verkleidung liegende Dachrinne und außenbündig eingebaute Verglasungen runden das schlichte Erscheinungsbild des Hauses ab.

Selbst wenn es nicht so aussieht: Es handelt sich um ein Holzhaus. Auf einer Stahlbetonplatte stehen alle Wände und Decken aus Dickholz, außen mit 18 cm Wärmedämmung, Hinterlüftung und

Verkleidung, innen mit Gipskarton auf einer Unterkonstruktionslattung, hinter der sich die Elektroinstallation und die Deckenheizung verbirgt. Den Boden im Erdgeschoss bildet der abgeschliffene und gewachste Heizestrich, der ohne Fußbodenleiste unter die Gipskartonbeplankung der Wände verlegt ist. Im Obergeschoss besteht der Fußboden aus 50 cm breiten Furniersperrholzplatten, aus denen auch die Treppe und die Regale im Arbeitsbereich gefertigt sind. Alle Fenster, Türen und die großzügigen Fensterverglasungen sind als Pfosten-Riegel-Konstruktion ausgeführt, innen aus weiß lackiertem Brettschichtholz und außen mit schwarzen, pulverbeschichteten Aludeckleisten. Aufgrund des hohen Grundwasserspiegels besitzt das Gebäude keinen Keller. Für Gartengeräte, Abfallbehälter

und Fahrräder liegt deshalb westlich des Wohngebäudes ein eingeschossiges Nebengebäude aus Sichtbeton, an das sich eine mit einer Pergola beschirmte Terrasse anschließt.

Das Zentrum des Hauses bildet die sich über zwei Geschosse erstreckende, bis zu 9 m hohe Wohnhalle, flankiert von dem sich zum Garten öffnenden Esszimmer mit Kaminofen einerseits und der Küche mit Speisekammer andererseits. Eine Holztreppe, die mit einem Regalmöbel kombiniert ist, führt hinauf zur Arbeitsgalerie. Auf dieser Dachebene befinden sich neben dem Schlaf- und Gästezimmer, an die sich jeweils ein Bad anschließt, ein Schrank- und Abstellraum.

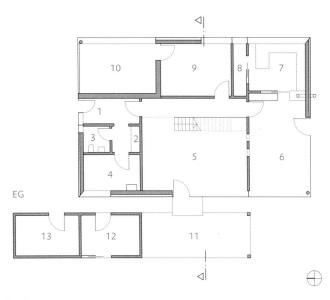

EG

OG

Der Bauherr

Entscheidung für ein eigenes Haus
Zusammen mit meiner Lebensgefährtin bewohnte ich eine Mietwohnung. Da wir beide Hobbymusiker sind, ergab sich allein schon wegen der „akustischen Unabhängigkeit" der Wunsch nach einem freistehenden Haus. Darüber hinaus benötigten wir schlichtweg mehr Platz.

Weg zum Architekten
Obwohl ich selbst bauvorlageberechtigt bin, stand für mich außer Frage, mein Privathaus durch einen Architekten planen zu lassen. Die Ausbildung zum Bauingenieur befähigt mitnichten dazu, auch ein guter Entwerfer zu sein. Julia Mang-Bohn hat mich mit ihren Entwürfen anderer Objekte überzeugt.

Beginn der Planung
Die Grundstückssuche erfolgte noch in eigener Verantwortung. Die Kaufentscheidung wurde allerdings erst nach einer Prüfung durch die Architektin gefällt.

Arbeit des Architekten
Berufsbedingt sind mir diese Sachverhalte bestens bekannt.

Bild des künftigen Hauses
Wir hatten bereits im Vorfeld ein genaues Anforderungsprofil an die Nutzung, ein so genanntes Raumbuch, erstellt. Hierin waren die Ziele wie z. B. Anzahl, Mindestgröße und optimale Höhe der Räume beziffert. Vorgegeben war das Baumaterial Holz, aber nicht die Bauform.

Vermittlung des Entwurfs
Hier gab es berufsbedingt keine Verständigungsprobleme, auch meine Partnerin ist Bauingenieurin.

Änderungen der Planung
Zunächst hatten wir uns für Gussglas als äußere Hülle begeistert. Eine Schätzung der Kosten jedoch zeigte, dass diese Idee für uns nicht in Frage kam. Binnen kürzester Zeit hatte Julia Mang-Bohn eine andere, deutlich günstigere und gestalterisch absolut gleichwertige Lösung parat.

Teilnahme an der Bauphase
Die komplette Abwicklung lag in meinen Händen. Das Architekturbüro hatte jedoch eine Werk- und Detailplanung erstellt, die für das Ergebnis unverzichtbar war.

Zeit- und Kostenplan
Obwohl kein Zeitdruck bestand, konnte das Bauvorhaben zügig umgesetzt werden. Der Kostenrahmen wurde weitgehend eingehalten. Überschreitungen waren meist auf Bauherrenentscheidungen zurückzuführen.

Neues Zuhause
Wir fühlen uns rundum wohl, das Haus spiegelt in Form und Aussage unsere grundsätzlichen Einstellungen wieder. Gerade als Baufachmann und Sachverständiger kann ich jedem angehenden Bauherrn nur zur Zusammenarbeit mit einem Architekten raten. Wichtig ist dabei das vertrauensvolle Verhältnis.

Tugenden auf beiden Seiten
Für den Architekten ist sicherlich die Geduld mit dem Bauherrn eine Tugend. Darüber hinaus sollte der Architekt bedenken, dass ein Wohnhaus zu den Bewohnern passen muss. Ein Bauherr muss lernen, Entscheidungen zu fällen und dazu zu stehen. Waren sich zum Zeitpunkt der Entscheidung alle Beteiligten einig, sollte man später nicht daran herummäkeln.

Markus Bernhard

Der Architekt

Erstes Treffen
Da die Bauherren und ich uns bereits seit Jahren kennen und wir außerdem alle vom Baufach sind, haben wir uns schon früher über Architektur unterhalten.

Vorstellungen und Wünsche des Bauherrn
Der Bauherr wollte auf jeden Fall ein individuelles Haus, das genau auf seine Bedürfnisse zugeschnitten ist und ruhig auch etwas Besonderes sein sollte.

Ausgangssituation und Vorgaben
Bereits im Vorfeld hatten wir zu verschiedenen Grundstücken Probeentwürfe gemacht. Beim endgültigen Grundstück mussten wir dann sowohl auf die landschaftliche Einbindung achten, als auch mit einer von dem Vorbesitzer bereits eingereichten und genehmigten Bauvoranfrage leben. Berücksichtigt werden musste darüber hinaus der hohe Grundwasserstand, der ein Haus ohne Keller nahe gelegt hat.

Entwurf und Vermittlung
Es ist sehr schnell die Idee eines „normalen" Hauses mit Satteldach entstanden und daraus die Aufgabe, ein solches Haus durch Materialwahl und Detailausbildung sowie eine spannende räumliche Einteilung im Inneren zu gestalten. Die Vermittlung des Entwurfs ist hauptsächlich über Skizzen und Pläne erfolgt, aber ebenso durch intensive Diskussionen.

Bestimmende Kriterien
Der Bauherr hatte vorgegeben, das Haus aus Dickholz zu bauen.

Beginn der Zusammenarbeit
Natürlich bestand die Zusammenarbeit von Anfang an.

Das Zentrum des Hauses bildet die sich über zwei Geschosse erstreckende, bis zu 9 m hohe Wohnhalle, flankiert von dem sich zum Garten öffnenden Esszimmer mit Kaminofen.

Alle Fenster, Türen und die großzügigen Fensterverglasungen sind als Pfosten-Riegel-Konstruktion ausgeführt, innen aus weiß lackiertem Brettschichtholz und außen mit schwarzen, pulverbeschichteten Aludeckleisten.

Materialien und Verfahrensweisen

Auf der Suche nach dem richtigen Fassadenmaterial, das pflegeleicht sein sollte, sind wir über ein Preisausschreiben der Firma Eternit auf deren neu entwickelten Schindeln gestoßen. Sie waren für den Wand- und Dacheinsatz geeignet und haben uns aufgrund der Farbgebung sehr gut gefallen.

Leistungsphasen

Wir haben die Leistungsphasen 1 bis 7 ausgeführt. Die Bauleitung hat der Bauherr selbst übernommen. Es war ein sehr entspanntes Miteinander, zumal der Bauherr sehr gute Firmen beauftragt hatte, die mit Freude und Begeisterung bei der Sache waren.

Schwierigkeiten und Probleme

Unsere Zusammenarbeit hätte nicht besser laufen können. Wir könnten eines Tages noch einmal ein Haus an einer anderen Stelle gemeinsam bauen, vielleicht mitten in der Stadt.

Gewinn für den Bauherrn

Das Haus ist zunächst ein riesiger Raumgewinn, die Räume sind funktional genau auf die Bedürfnisse ihrer Bewohner abgestimmt. Es bietet eine ungewöhnliche Großzügigkeit. Und der Ausblick auf den gegenüberliegenden Wald ist wunderschön.

Tugenden auf beiden Seiten

Der Bauherr muss sich während der schwierigen Planungs- und Bauzeit seine Begeisterung für das Projekt bewahren und entscheidungsfreudig sein. Der Architekt sollte die Wünsche seines Bauherrn umsetzen, bei Bedarf aber auch manche hinterfragen und Gegenvorschläge machen.

Julia Mang-Bohn

Architekt	03 München
Bauherr	Doris und Prof. Eckhart Hellmuth
Nutzung	Einfamilienhaus, Neubau
Wohnfläche	156,00 m²
Nutzfläche	235,00 m²
Lichte Raumhöhe	2,45 m (EG), 2,75 m (OG)
Bruttorauminhalt	996,60 m³ und 180,00 m³ (Garage)
Konstruktion	wasserundurchlässiger Beton (UG), Ziegel mit Stahlbetondecken (EG, OG)
Grundstücksfläche	580,00 m²
Baukosten	1.800,00 €/m² und 750,00 €/m² (Garage)
Bauzeit	10/2004–10/2005

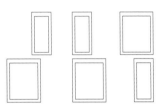

Ansicht von Nordosten

Die Anordnung der hohen Fensteröffnungen in den Wand- und Dachflächen ermöglicht großzügige Blicke in den Garten und zur Landschaft hinaus.

Nach längerer Suche fanden die Bauherren ein passendes Grundstück im Münchner Umland, ihr Haus sollte im Grünen liegen und einen Garten besitzen. An einem Ortsrand gelegen ist es von einem benachbarten Weiher, Hecken, Feldern und einem nahen Wald umgeben. Die Bauherren verbringen aufgrund ihrer beruflichen Tätigkeit viel Zeit zu Hause, Arbeit und Freizeit sind eng miteinander verbunden. Die erwachsenen Kinder leben nicht mehr bei ihnen, besuchen sie jedoch für paar Tage. Daher sollte es ein Haus sein, in dem man in Ruhe arbeiten kann, in dem es sich aber ebenso gut entspannen, leben und mit Gästen feiern lässt.

Das Haus und die Garage bestehen aus einfachen, lang gestreckten Baukörpern, die durch steile Satteldächer abgeschlossen werden. Die Anordnung der hohen Fensteröffnungen in den Wand- und Dachflächen ermöglicht großzügige Blicke in den Garten und zur Landschaft hinaus. Die Fenster werden außen durch Rahmen betont, Elemente wie Regenrinnen oder Senkrechtmarkisen dagegen sind unauffällig integriert. Es wurden nur wenige Materialien eingesetzt, die dem Haus einen schlichten, zeitlosen Ausdruck verleihen: Edelstahl für die Fensterrahmungen und das Dach, gestrichener Putz, Glas und lackiertes Holz. Das Gebäude wurde in Ziegelbauweise mit Stahlbetondecken ausgeführt. Aufgrund des hohen Grundwasserspiegels musste für das Kellergeschoss wasserundurchlässiger Beton verwendet werden. Die Dachflächen wurden ebenfalls betoniert, um die Aufheizung des Gebäudes im Sommer zu reduzieren.

Die Räume im Erdgeschoss orientieren sich nach Süden auf den mit einer Hecke eingefassten Garten. Der Koch-, Ess- und Wohnbereich kann zusammenhängend genutzt oder durch große Schiebetüren in Einzelbereiche getrennt werden. Das Duschbad hier ist über die Garderobe zugänglich. Die leichte Trennwand zwischen den beiden Räumen kann problemlos herausgenommen werden. Dadurch ließe sich bei Bedarf die Badfläche erweitern, wie es für einen Rollstuhlfahrer erforderlich ist. Eine Treppe führt in das Obergeschoss, in dem sich das Schlafzimmer, das Gästezimmer und zwei Arbeitsräume befinden. Auch die Wahl der Möbel und Lampen wurde mit den Architekten abgestimmt.

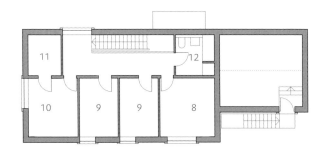

OG

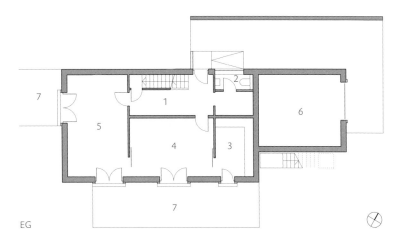

EG

1	Diele	7	Terrasse
2	WC	8	Gast
3	Kochen	9	Arbeiten
4	Essen	10	Schlafen
5	Wohnen	11	Ankleiden
6	Garage	12	Bad

Der Bauherr

Entscheidung für ein eigenes Haus
Wir konnten kein älteres Haus finden, das unseren Vorstellungen entsprach. Das Angebot von Bauträgern fanden wir gänzlich unbefriedigend.

Weg zum Architekten
Über einen Bekannten haben wir Herrn Wimmer von dem Architekturbüro 03 München kennen gelernt. Gespräche mit ihm haben uns gezeigt, dass seine Vorstellungen weitgehend mit den unsrigen übereinstimmten.

Beginn der Planung
Wir hatten den Architekten sehr früh einbezogen. Er war bereits an der Auswahl des Grundstücks beteiligt.

Arbeit des Architekten
Der Architekt sollte das Haus mit uns sehr sorgfältig planen. Wir wollten uns nicht um die Details des Bauprozesses kümmern müssen. Vor Beginn der Bauphase wurden der finanzielle und der zeitliche Rahmen festgelegt. Das Honorar des Architekten richtete sich nach der HOAI.

Bild des künftigen Hauses
Wir wollten ein Haus, das auf unsere Bedürfnisse zugeschnitten ist, also genügend Platz zum Arbeiten, für Gäste und Geselligkeit bietet. Wir hatten keine präzisen Vorstellungen hinsichtlich des Erscheinungsbilds. Allerdings sollte es schlicht, zurückgenommen und zeitgemäß sein. Als Vorbild dienten uns vor allem Einfamilienhäuser, wie sie gegenwärtig in der Schweiz zu finden sind.

Vermittlung des Entwurfs
Aufgrund des Modells und der Entwurfszeichnungen konnten wir uns sehr gut vorstellen, wie das Haus aussehen würde. Es gab einen kontinuierlichen Dialog mit dem Architekten.

Änderungen der Planung
Es gab keine Änderungen des ursprünglichen Entwurfs.

Teilnahme an der Bauphase
Der Architekt hat uns in der Bauphase weitgehend den Rücken freigehalten, uns allerdings über das Geschehen auf der Baustelle regelmäßig informiert.

Zeit- und Kostenplan
Der Zeit- und Kostenplan wurde im Großen und Ganzen eingehalten.

Neues Zuhause
Wir fühlen uns in dem neuen Haus außerordentlich wohl und sind mit dem Architekten weiterhin in Kontakt. Wir würden jederzeit wieder mit einem Architekten bauen, wenn er so kompetent und engagiert ist wie Michael Wimmer und das ganze Büro 03 München.

Tugenden auf beiden Seiten
Die wichtigsten Tugenden eines Architekten sind die Bereitschaft zum Dialog und die Fähigkeit, sich auf die Bedürfnisse des Bauherrn einzulassen. Außerdem sollte der Architekt in der Lage sein, auch mit bescheidenen Mitteln ein architektonisch und ästhetisch anspruchsvolles Haus zu realisieren. Die Tugenden des Bauherrn möchten wir nicht kommentieren.

Doris und Prof. Eckhardt Hellmuth

Die Fenster werden außen durch Rahmen betont, Elemente wie Regenrinnen oder Senkrechtmarkisen dagegen sind unauffällig integriert.

Der Architekt

Erstes Treffen
Die Bauherren waren durch unsere Broschüre vorab über bisherige Bauten von uns informiert. Wir zeigten ihnen bei unserem ersten Treffen eines dieser Bauprojekte in vergleichbarer Größe.

Vorstellungen und Wünsche des Bauherrn
Die Bauherren waren über Publikationen sehr gut informiert. Konkrete Vorstellungen zu den Kosten gab es bereits, jedoch keine genauen Vorgaben zum Zeitplan.

Ausgangssituation und Vorgaben
Die Traufhöhe und Dachneigung waren im Bebauungsplan festgelegt, eine bestimmte Geschossfläche sowie die Grundfläche durften nicht überschritten werden. Örtliche Bauvorschriften gaben zudem Anzahl sowie Größe der Gauben vor.

Entwurf und Vermittlung
Der Entwurf orientierte sich an Ausblicken in die umliegende Feldflur. Wir haben den Entwurf mit Grundrissen und Ansichten erarbeitet, parallel dazu entstanden Arbeitsmodelle im Maßstab 1:50.

Bestimmende Kriterien
Entscheidend war die Erstellung einer Planung, welche die Realisierung des Hauses samt Außenanlage bei einem relativ eng bemessenen Kostenrahmen ermöglichen konnte.

Beginn der Zusammenarbeit
Mit uns wurde zunächst die Entscheidung für das zu erwerbende Grundstück abgestimmt. Die Bauherren waren in allen Belangen der Planung einbezogen.

Materialien und Verfahrensweisen
Das Dach und die Fensterrahmen aus Edelstahl wurden besonders sorgfältig geplant und umgesetzt. Es waren die aufwändigsten Bauteile des Hauses. Die Mehrkosten für sie wurden an anderer Stelle kompensiert, z. B. durch eine einfache Ausstattung der Bäder.

Leistungsphasen
Wir haben hier die Leistungsphasen 1 bis 8 ausgeführt. Statik und ENEV-Nachweis wurden von einem Ingenieurbüro berechnet. Die Heizungs- und Sanitäranlage sowie die Elektroverteilung wurden jeweils von Firmen übernommen.

Schwierigkeiten und Probleme
Wir würden uns freuen, auch „beim nächsten Mal" Bauherren mit einem umfassenden Architekturinteresse in Kombination mit einer großen Offenheit gegenüber dem Thema Gestaltung zu treffen.

Gewinn für den Bauherrn
Das Haus ist individuell auf die Bedürfnisse der Bauherren abgestimmt. Es besteht aus Materialien, die gut altern oder auf einfache Weise erneuert werden können. Der große Wohn- und Essbereich bietet endlich genug Platz für Familie und Gäste.

Tugenden auf beiden Seiten
Beide Seiten müssen einander gut zuhören können, um gemeinsam die richtigen Entscheidungen treffen zu können. Hierzu ist ein hohes Maß an gegenseitigem Vertrauen notwendig.

03 München

Architekt	ü.NN architektur
Bauherr	Elke und Michael Segref
Nutzung	Einfamilienhaus
Wohnfläche	187,00 m²
Nutzfläche	36,00 m²
Lichte Raumhöhe	2,76 m (EG), 1,45 m bis 4,70 m (OG)
Bruttorauminhalt	806,00 m³, 99,00 m³ (Garage), 32,00 m³ (Pavillon)
Konstruktion	Porenbeton, Dachkonstruktion Porenbeton-Deckenplatten
Grundstücksfläche	995,00 m²
Heizwärmebedarf	66,00 kWh/m²a
Primärenergiebedarf	98,00 kWh/m²a
Baukosten	1.552,00 €/m²
Bauzeit	03/2004–10/2004
Besonderheiten	Wand und Dach aus Porenbeton

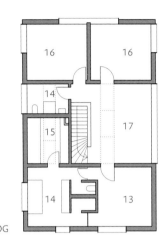

OG

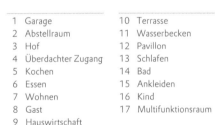

1 Garage
2 Abstellraum
3 Hof
4 Überdachter Zugang
5 Kochen
6 Essen
7 Wohnen
8 Gast
9 Hauswirtschaft
10 Terrasse
11 Wasserbecken
12 Pavillon
13 Schlafen
14 Bad
15 Ankleiden
16 Kind
17 Multifunktionsraum

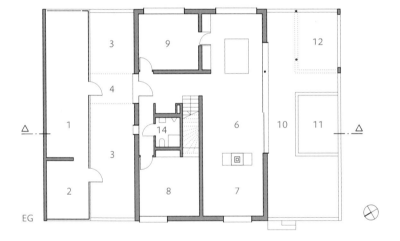

EG

Das zu bebauende Grundstück liegt in einem Neubaugebiet in Finnentrop im südlichen Sauerland. Das Gelände ist im Westen mit einem Mischwald umgeben, ein weiter Blick bietet sich nach Nordwest in das angrenzende Tal. Der Bebauungsplan sah ein Gebäude mit einem Vollgeschoss sowie ein symmetrisches Satteldach mit festgeschriebener Firstrichtung und einer Dachneigung von 30 bis 45 Grad vor.

In Nord-Süd-Richtung weist das Grundstück ein leichtes Gefälle auf. Daher wurde ein 1 m hoher Sockel ausgebildet, der von einer Sichtbetonwand gefasst ist. Er bildet eine Plattform für das Haus, die Garage und den Pavillon. Alle Gebäude schließen in ihrer äußeren Begrenzung bündig mit der des Sockels ab. Die umliegende Fläche wird im Kontrast dazu als wilder Gar-

ten verbleiben. Die natürlich bepflanzte Garage im Norden liegt (mit Abstand) parallel zum Haus und nimmt dessen gesamte Länge auf. So entstand vor dem Eingang ein lang gestreckter Hof, der sich zur Straße nach Osten orientiert. Da die ihm zugewandte Seite der Garage aus sandgestrahltem Industrieglas besteht, wird eine geschlossene Wirkung vermieden. Der auf der Südseite zum Waldrand gelegene Wohnhof mit Wasserbecken, an dessen süd-östlichem Eckpunkt der Pavillon steht, erstreckt sich ebenfalls über die gesamte Länge des Hauses.

Die Wohnfläche konnte durch die Einbeziehung des Dachgeschosses maximal erweitert werden. Die Verteilung der Räume ist traditionell: Im Erdgeschoss befinden sich ein großer Wohn-, Ess- und Kochbereich, der sich zum Wohnhof

öffnet sowie ein Gäste- und Arbeitszimmer. Im Obergeschoss sind zwei Kinderzimmer und das Elternschlafzimmer mit Ankleide untergebracht, beide mit separaten Bädern. Ein multifunktionaler Raum verbindet die beiden Bereiche. Alle Fenster sind so ausgerichtet, dass eine natürliche Belichtung der Räume erfolgt bei klar definierten Ausblicken in das Tal und den Wald. Die Räume im Dachgeschoss erhalten durch schmale, querrechteckige Fenster im Drempel zusätzliches Tageslicht und weitere Ausblicke. Der Einfachheit der architektonischen Form entspricht die Konzentration auf wenige, hochwertige Materialien innen: So wurde z. B. ein sehr feiner Oberputz verwendet, Dielen aus Eichenholz und in den Bädern großformatige Glasscheiben statt Kacheln.

Das Grundstück des Neubaus
ist im Westen mit einem Mischwald umgeben, ein weiter Blick
erstreckt sich nach Südosten in
das angrenzende Tal.
Der Einfachheit der architektonischen Form entspricht die
Konzentration auf wenige,
hochwertige Materialien.

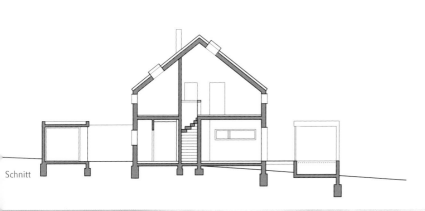

Schnitt

Die Räume im Dachgeschoss erhalten durch schmale Fensterbänder zusätzliches Tageslicht. Der feine Oberputz und ein Dielenbelag aus Eichenholz prägen die Räume.

Der Bauherr

Entscheidung für ein eigenes Haus
Unsere Wohnung war nach dem zweiten Kind zu klein geworden. Daher wurde der Wunsch, ein eigenes Haus nach unseren Vorstellungen zu bauen, immer konkreter.

Weg zum Architekten
Der Kontakt zu unseren Architekten kam durch berufliche Überschneidungen zustande. Die Art und Weise, wie Herr Rüsche von ü.NN mit gestellten Aufgaben umging, gefiel uns. So war die Entscheidung schnell getroffen.

Beginn der Planung
Wir haben die Architekten erst mit der konkreten Bauplanung beauftragt, nachdem unser Baugrundstück festgelegt war. Das Gelände und die Lage waren für uns die Grundlage der Gestaltung unseres Hauses.

Arbeit des Architekten
Die Abwicklung der gesamten Bautätigkeit sollte durch den Architekten erfolgen. Eine Vorstellung hinsichtlich seines Honorars gab es nicht. Wir waren anfangs über die Höhe der Vergütung schon erstaunt, da uns der Umfang seiner Tätigkeiten so nicht klar war.

Bild des künftigen Hauses
Uns war ein reduzierter, geradliniger Baustil sehr wichtig, der nicht zu Lasten von Gemütlichkeit gehen sollte. Die räumliche Trennung von Eltern- und Kinderzimmern und Bäder war eine weitere Vorgabe. Unser Haus sollte offen gestaltet sein, aber trotzdem die nötige Rückzugsfläche bieten. Die Anbindung an den Außenbereich war uns ebenfalls sehr wichtig.

Vermittlung des Entwurfs
Bei der Vorstellung eines Modells, das einen Ausschnitt des Baugebiets zeigte, war uns die Platzierung und Ausrichtung unseres Hauses auf dem Grundstück sehr schnell klar. Wir sind eigentlich bei den ersten Entwürfen geblieben, die noch verfeinert wurden.

Änderungen der Planung
Wir haben in vielen gemeinsamen Gesprächen Wünsche diskutiert und Pflichten vereinbart. Es gab bei der Planung noch Änderungen bei dem Grundriss, für die wir gemeinsam mit den Architekten eine Lösung gefunden haben. Auf unsere Änderungswünsche und Fragen wurde immer eingegangen.

Der Architekt

Teilnahme an der Bauphase
Die Bauphasen haben wir ständig begleitet und die Ausführungen mit unserer Sachkenntnis beurteilt, da wir viel Kontakt zum Bauhandwerk haben. Unsere Architekten haben alle Abläufe verständlich gemacht. Für uns war es wichtig, das Wachsen unseres Hauses mitzuerleben.

Zeit- und Kostenplan
Die von den Architekten aufgestellte Kalkulation hat sich im Rahmen gehalten, sofern keine nachträglichen Änderungen zum Tragen kamen. Der straffe Zeitplan konnte nicht eingehalten werden, da es Lieferschwierigkeiten bei den Betonfertigteilen und der Sanitäreinrichtung gab. Auch einige Handwerker haben ihre Termine nicht eingehalten.

Neues Zuhause
Mit unserem Einzugstermin haben wir unser neues Heim ins Herz geschlossen. Neue Abläufe des Alltags müssen gelernt werden und Gewohnheiten erleben eine Veränderung. Bedingt durch Nachbesserungen einiger Gewerke sind uns unsere Architekten bis heute nicht von der Seite gewichen. Für uns ist es nicht vorstellbar, ohne Architekt zu bauen. Wir schätzen die junge, frische und innovative Art unserer Architekten sehr, die uns vor zusätzlichem Stress und bösen Überraschungen bewahrt haben.

Tugenden auf beiden Seiten
Wenn die menschliche Basis funktioniert, ist die Grundlage für eine konstruktive Zusammenarbeit gegeben. Ein guter Architekt versucht, die Wünsche und Vorstellungen des Kunden zu erfassen, diese mit seinen Ideen in Einklang zu bringen und sie professionell umzusetzen. Die Bauherren sollten möglichst offen über ihre Wünsche und Möglichkeiten sprechen. Oberstes Gebot für beide Seiten sind eine offene Kommunikation und erkennbare Reaktionen.

Elke und Michael Segref

Erstes Treffen
Nach der Ortsbesichtigung haben wir den Bauherren anhand eines Umgebungsmodells im Maßstab 1:500 die baurechtlichen Rahmenbedingungen sowie die topografisch bedingten Möglichkeiten einer Bebauung dargelegt. Im anschließenden Gespräch erläuterten wir unsere Arbeitsweise sowie den zu erwartenden Arbeitsumfang im Hinblick auf die Kosten. Im Verlauf des ersten Treffens sammelten wir die Wünsche der Bauherren.

Vorstellungen und Wünsche des Bauherrn
Beide Bauherren brachten klare Vorstellungen in Form von Beispielbildern oder Beschreibungen einzelner Räume oder Raumzusammenhänge ein. So wünschten sie einen kompakten, geradlinigen Baukörper mit einer großzügigen Belichtung. Es wurde eine klare Prioritätenfolge der Wünsche der Bauherren an ihr Haus definiert. Sie hatten ebenfalls bereits über das Gesamtbudget nachgedacht.

Ausgangssituation und Vorgaben
Da es sich um ein Neubaugebiet handelte, war zu Planungsbeginn noch kein umliegendes Gebäude fertig gestellt. Die Gemeinde hatte sehr enge Vorgaben formuliert, einschränkend war zudem eine Gestaltsatzung die auch eine optimale Ausrichtung des Gebäudes sowie die verbesserte Ausnutzung der Wohnfläche bei gleichem Bauvolumen erschwerte.

Entwurf und Vermittlung
Um das natürliche Gefälle des Grundstücks zu thematisieren, stehen das Haus und die beiden Nebengebäude auf einem Sockel. Vermittelt wurde diese Idee zunächst durch Skizzen und später durch Zeichnungen, Modelle im Maßstab 1:100 und 1:50, Materialcollagen sowie durch einen begehbaren 1:1 Grundriss in unserer Bürohalle.

Bestimmende Kriterien
Für die Umsetzung der ersten Entwurfsidee waren die Faktoren Baurecht und Budget bestimmend. In Absprache mit dem Bauamt wurde das Baurecht ausgenutzt und die Fläche des Erdgeschosses rechnerisch durch den Pavillon erweitert. So konnte die Drempelhöhe um 0,25 m angehoben und die Wohnfläche ohne zusätzliche Kosten vergrößert, sowie eine bessere Belichtung erzielt werden.

Beginn der Zusammenarbeit
Die Bauherren waren regelmäßig durch Skizzen, Modelle, Pläne, Materialcollagen und Kostentabellen am Planungsprozess beteiligt und dadurch in der Lage, das Projekt gestalterisch und finanziell mit unserer Unterstützung zu steuern.

Materialien und Verfahrensweisen
Es waren zwei Ideen bestimmend: Die Verwendung von Sichtbeton erfordert eine hohe Planungspräzision, da es nach der Ausführung so gut wie unmöglich ist noch Änderungen vorzunehmen. Daher war es schwierig, eine zuverlässige Firma in der Nähe zu finden. Aufgrund der Konstruktion aus Gasbetonsteinen entstand eine einheitliche Hülle, die auch im Dachgeschoss ganzjährig für ein sehr angenehmes Wohnklima sorgt.

Leistungsphasen
Wir haben die Leistungsphasen 1 bis 5 ausgeführt und behielten bei der Umsetzung der Leistungsphasen 6 bis 8 durch ein anderes Büro die „künstlerische Oberleitung".

Schwierigkeiten und Probleme
Zwischen der Familie Segref und uns ist ein freundschaftliches Vertrauensverhältnis entstanden. Sie begegnete unseren Vorschlägen mit Offenheit und hat uns ermutigt, Ansätze auszuprobieren und scheinbar unmögliche Vorschläge zu diskutieren und weiterzuverfolgen.

Gewinn für den Bauherrn
Es ist ein für die Bedürfnisse und Wünsche der Familie maßgeschneidertes Objekt entstanden, das ein individuelles Gesicht bekommen hat. Ferner konnte eine maximale Nutzung der Wohnfläche erreicht und die klimatischen Verhältnisse im gesamten Gebäude optimiert werden.

Tugenden auf beiden Seiten
Zu den Tugenden des Architekten gehört, dem Auftraggeber eine für seine Bedürfnisse optimale und individuelle Lösung anzubieten. Offenheit für die Wünsche der Bauherren und stringente Kostenkontrolle sind daher maßgeblich. Die wichtigsten Tugenden des Bauherren sind die Wertschätzung professioneller Arbeit und die Anerkennung der kulturellen Bedeutung von Architektur.

Oliver Rüsche und Tobias Willers

Architekt	Stolz Architekten
Bauherr	Cordula und Josef Stoiber
Nutzung	Zweifamilienhaus, Anbau
Wohnfläche	105,00 m² und 51,00 m² im bestehenden Dachgeschoss
Nutzfläche	31,00 m² (Speicher)
Lichte Raumhöhe	2,60 m bis ca. 5,00 m (OG)
Bruttorauminhalt	495,00 m³
Konstruktion	Massivbau mit Fassade aus senkrechter Lärchenschalung, Holzdachstuhl, Holzfenster
Grundstücksfläche	ca. 2.000,00 m²
Bauzeit	09/1998–09/1999
Besonderheiten	mehrere Generationen unter einem Dach und Ausbau, Umbau

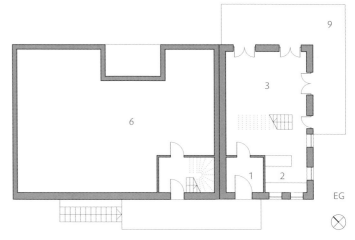

EG

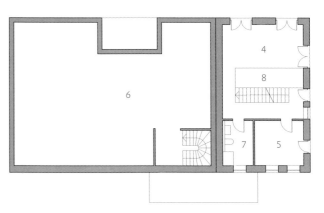

1 Garderobe, Windfang
2 Kochen
3 Essen
4 Wohnen
5 Gast
6 Bestand
7 Bad
8 Luftraum
9 Terrasse

OG

Der Wunsch der Bauherren bestand darin, das Leben mit den Eltern bzw. Schwiegereltern in separaten Wohnbereichen unter einem Dach zu realisieren. Das am Rande eines Weilers gelegene Grundstück in leichter Hanglage war bereits mit einem zweigeschossigen Zweifamilienhaus aus den 1960er Jahren bebaut. Die aktuellen Bedürfnisse der Bauherren nach mehr Wohnraum konnte das bestehende Gebäude nicht mehr erfüllen. Daher war vorgesehen, eine zusätzliche Wohnung in Verbindung mit dem vorhandenen Gebäude zu schaffen. Ferner sollte ein gestalterischer Bezug zu der ländlichen Bauweise der Umgebung hergestellt werden, die von freistehenden Bauernhäusern geprägt ist. Deren lang gestreckte Gebäudekörper bestehen in der Regel aus einem Wohnteil in Massivbauweise und einer direkt angeschlossenen Tenne aus Holz.

Daher wurde ein kompakter Anbau in gleicher Höhe an das bestehende Haus angefügt, das durch diese Verlängerung besser proportioniert ist. Ferner wurde eine traditionelle Massivbauweise gewählt, außen mit einer vertikalen, grau lasierten Verschalung aus Lärchenholz verkleidet. Auf eine Unterkellerung wurde verzichtet, da der Anbau über die modernisierte, haustechnische Installation im Bestand mitversorgt werden kann. Stattdessen wurde der niedrige Speicher des bestehenden Gebäudes in die Erweiterung einbezogen. Eine Kieszufahrt und Terrassenflächen aus Holz im Süden und Westen runden das neue Erscheinungsbild ab.

Innen wurden im Erdgeschoss Küche und Essplatz in einem Raum zusammengefasst. In dessen Mitte befindet sich eine freistehende Treppe, die beide Bereiche zwar voneinander trennt, aber Sichtverbindungen zwischen ihnen zulässt. Im Obergeschoss sind das Wohnzimmer sowie Bad und Gästezimmer untergebracht. Der Bereich über dem Wohnzimmer wurde zum Dachgeschoss hin offen gelassen, dort gegenüber befindet sich eine Galerie und im Bereich des bestehenden Speichers liegen die Schlaf- und Arbeitsäume. Die geschossübergreifende Raumaufteilung wirkt großzügig, zahlreiche raumhohe Fenster sorgen für Helligkeit. Details sind einfach und mit einem sparsamen Einsatz von Materialien und kleiner Farbpalette umgesetzt.

Der Anbau stellt mit seiner Holzverschalung den gestalterischen Bezug zu der ländlichen Bauweise der Umgebung her, die von freistehenden Bauernhäusern geprägt ist. Sein lang gestreckter Gebäudekörper besteht aus einem Wohnteil in Massivbauweise und einer direkt angeschlossenen Tenne aus Holz.

*Der kompakte Anbau wurde in gleicher Höhe an
das bestehende Haus angefügt, das durch diese
Ergänzung eine verbesserte Proportion erhielt.*

Innen wurden im Erdgeschoss Küche und
Essplatz in einem Raum zusammengefasst.
In dessen Mitte befindet sich eine freiste-
hende Treppe.

Der Bauherr

Entscheidung für ein eigenes Haus
Wir hatten den Wunsch nach einer eigenen, abgeschlossenen Wohnung. Das Grundstück mit dem bestehenden Gebäude war vorhanden.

Weg zum Architekten
Es war eine schwierige Ausgangslage: Da es planungsrechtlich sehr eingeschränkte Möglichkeiten zum Bau eines weiteren Hauses gab, ließ sich eine andere Lösung für uns am Anfang nicht klar erkennen. Der Architekt ist uns persönlich empfohlen worden. Er überzeugte uns mit einer Idee, die sowohl den Raumbedarf zufrieden stellt, das vorhandene Haus gut integriert als auch wirtschaftlich vorteilhaft ist.

Beginn der Planung
Der Architekt war bereits zur Vorentwurfsplanung einbezogen worden.

Arbeit des Architekten
Die Aufgaben des Architekten und sein Honorar waren in etwa bekannt, ein Maximum der Kosten wurde festgelegt. Es sollte das Bestmögliche daraus gemacht werden. Die Zeitplanung war flexibel.

Bild des künftigen Hauses
Unsere Anforderungen und die Funktionen standen fest. Das Haus – die Erweiterung – sollte zeitgemäß gestaltet sein. Die harmonische Einbeziehung unseres Hauses war ein wichtiger Aspekt.

Vermittlung des Entwurfs
Von dem Entwurf des Architekten waren wir sofort begeistert. Die innere Raumaufteilung wurde gemeinsam erarbeitet. Unsere Verständigung über den Entwurf erfolgte anhand von Skizzen, Zeichnungen, ergänzt durch ausführliche Besprechungen und Detailerläuterungen.

Änderungen der Planung
Der Architekt ging mit Feingefühl auf unsere Vorstellungen ein und hat dafür gesorgt, dass eine einheitliche Linie vorhanden blieb. Die Problemlösungen haben uns vollständig überzeugt, wir hätten sie ohne den Architekten so nicht immer finden können.

Teilnahme an der Bauphase
Wir waren während der ganzen Bauphase in den Bauablauf integriert – schon allein deswegen, weil wir ja im bestehenden Gebäude wohnten.

Der Architekt konnte uns die Vorgänge auf der Baustelle jeweils sehr gut erläutern, das war uns wichtig.

Zeit- und Kostenplan
Der Zeit- und Kostenplan wurde zuverlässig eingehalten.

Neues Zuhause
Wir fühlen uns nach wie vor sehr wohl in unserem Zuhause und würden es auch wieder so gestalten. Der Kontakt zu unserem Architekten ist nach wie vor sehr gut. Wir würden jederzeit wieder mit unserem bzw. einem Architekten bauen.

Tugenden auf beiden Seiten
Der Architekt sollte Einfühlungsvermögen für die Vorstellungen des Bauherrn haben und dies mit einer einheitlichen Gestaltung in Einklang bringen. Er sollte zudem eine hohe fachliche Kompetenz mitbringen und ein sicheres Stilempfinden. Der Bauherr sollte die Bereitschaft zu Flexibilität und Offenheit für die Vorschläge des Architekten besitzen.

Cordula und Josef Stoiber

Der Architekt

Erstes Treffen

Das erste Treffen fand als Ortstermin bei den Bauherren statt. Dies war nahe liegend, weil es bei dem Projekt um den Umbau bzw. die Erweiterung eines bestehenden Wohnhauses ging. Zur Präsentation des Büros habe ich Fotos und Fachpublikationen von Beispielprojekten gezeigt.

Vorstellungen und Wünsche des Bauherrn

Die Bauherren wollten den Einbau einer zusätzlichen Wohnung. Aufgrund der relativ schwierigen Umsetzung hatten ihre Vorstellungen noch keine konkreten Formen angenommen und sie waren offen für architektonische Lösungsvorschläge. Die Integration in den Bestand war dabei sehr wichtig, auch im Hinblick auf die Wirtschaftlichkeit.

Ausgangssituation und Vorgaben

In ein bestehendes Zweifamilienhaus, das am Ortsrand einer oberbayerischen Landgemeinde liegt, sollte eine zusätzliche abgeschlossene Wohnung durch Umbau und Erweiterung integriert werden.

Entwurf und Vermittlung

Die Erweiterung sollte nicht durch Dachgauben und Quergiebelanbauten erfolgen, sich aber am ländlichen Baustil der Region orientieren. Ferner sollte der Anbau das gleiche Profil wie das bestehende Haus erhalten sowie einen eigenen Zugang im Erdgeschoss. Die Entwurfserläuterung erfolgte vor Ort und mit Hilfe von Skizzen.

Bestimmende Kriterien

Die Entwurfsidee mit der klaren Lösung zur Integration der Erweiterung in den Bestand überzeugte die Bauherren und die Genehmigungsbehörde. Für die Bauherren war die Einbeziung des Bestands wichtig: Die Mitnutzung des Kellers für die Haustechnik und des Dachgeschosses für zusätzliche Wohnräume.

Beginn der Zusammenarbeit

Die Bauherren waren von Anfang an mit dabei, alle Planungsschritte wurden ausführlich mit ihnen besprochen. Da sie bereits am Ort des Umbaus wohnten, haben sie die gesamte Ausführung begleitet.

Materialien und Verfahrensweisen

Die Holzverkleidung der Anbaufassade war Grundlage des Gestaltungskonzepts, das sich hinsichtlich der Baumaterialien an regionalen Bauernhöfen orientierte. Bei diesen schließt sich an den Wohntrakt ein Stadel oder eine Tenne an. Zugleich wurde durch die Holzfassade das bestehende Gebäude eingebunden und verlängert. Um eine möglichst homogene Dachfläche zu erreichen, wurden für die Dachsteine des Anbaus gebrauchte Steine verwendet. In erster Linie war dies gestalterisch bedingt, hatte aber zugleich eine Kosteneinsparung zur Folge. Auch innen wurden für den frei stehenden Kachelofen Ziegelsteine wieder verwendet. Sie stammen aus dem Geräteschuppen, der abgebrochen wurde, um Platz für den Anbau zu schaffen.

Leistungsphasen

Unser Büro hat die Leistungsphasen 1 bis 8 übernommen. Die Kommunikation erfolgte meist im persönlichen Gespräch vor Ort.

Schwierigkeiten und Probleme

Aufgrund der gemeinsamen Wellenläge und des gegenseitigen Vertrauens lief die Zusammenarbeit von Anfang an sehr gut. Es bedeutet immer eine besondere Herausforderung, wenn der Bauherr in unmittelbarer Nähe des Bauvorhabens wohnt bzw. täglich auf der Baustelle anwesend ist. Daraus ergibt sich eine besonders intensive Betreuung.

Gewinn für den Bauherrn

Die Bauherren konnten sich ihren individuellen Bauwunsch auf dem eigenen Grundstück erfüllen. Das Entstehen einer eigenen, abgeschlossenen Wohnung ermöglicht das Wohnen zweier Generationen miteinander, aber auch selbstständig nebeneinander und dient so dem Lebenskomfort. Zudem wurde das bestehende Gebäude gestalterisch aufgewertet und durch dessen Einbeziehung entstand zugleich eine wirtschaftliche Lösung.

Tugenden auf beiden Seiten

Der ideale Bauherr besitzt Verständnis für eine gute Architekturgestaltung und die finanzielle Liquidität, um seine Wünsche in die Tat umsetzen zu lassen. Er sollte reflektieren können, welcher Art seine Bedürfnisse sind und welche Anforderungen sich daraus für sein Bauvorhaben ergeben. Das macht ihn zu einem offenen Gesprächspartner für den Architekten. Verständnis für das Machbare auf der Baustelle ist ebenfalls eine willkommene Eigenschaft des Bauherrn. Der Architekt sollte gut zuhören können und Einfühlsamkeit besitzen, um die Belange des Bauherrn zu verstehen. Er sollte ihn nicht überreden, sondern ihn überzeugen.

Walter Stolz

Architekt	seeger-ullmann architekten
Bauherr	Diana und Max Kieser
Nutzung	Einfamilienhaus, Anbau an ein Reiheneckhaus
Wohnfläche	82,00 m² (Bestand), 18,00 m² (Anbau)
Nutzfläche	138,00 m²
Lichte Raumhöhe	2,40 m
Bruttorauminhalt	586,00 m³
Konstruktion	Holzrahmenbauweise
Grundstücksfläche	600,00 m²
Heizwärmebedarf	128,00 kWh/m²a
Primärenergiebedarf	140,00 kWh/m²a (Bestand nicht vollständig saniert)
Baukosten	2.250,00 €/m² (nur Anbau, ohne Eigenleistungen)
Bauzeit	03/2003–05/2003

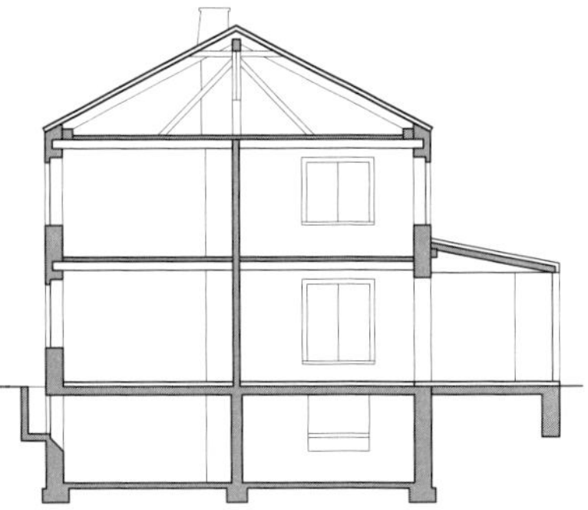

Schnitt

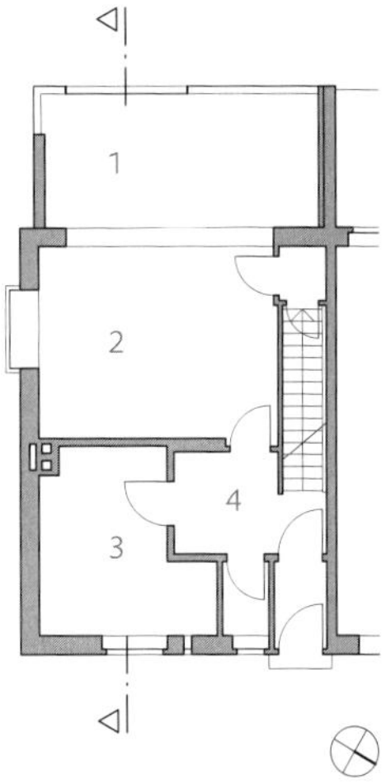

1 Wohnen
  im Anbau
2 Essen
3 Kochen
4 Diele

EG

Die Mustersiedlung Ramersdorf im Südosten Münchens wurde 1933/34 als nationalsozialistisches Modellwohnungsbauprojekt realisiert. Die Häuser stehen heute unter Ensembleschutz. Das Reiheneckhaus in der Törwangerstraße, an das ein Anbau angefügt werden sollte, wurde seinerzeit von Emil Freymuth entworfen. Der Wunsch der Bauherren bestand darin, den kleinteiligen Grundriss großzügiger zu gestalten und gleichzeitig das bestehende Haus mit seinen nur 82 m² Wohnfläche um einen Raum zu erweitern. Die aufgrund des Denkmalschutzes bestehenden Auflagen zur maximalen Scheibengröße, zur Farbe der Fassade sowie zur Wahl des Baumaterials, durften abgewandelt werden.

Um im Inneren mehr Licht und einen großen Wohn- und Essraum zu erhalten, wurde die Außenwand des bestehenden 16 m² großen Wohnzimmers so weit wie möglich geöffnet. Den ehemaligen Freisitz auf der Gartenseite davor ersetzt ein nicht unterkellerter, eingeschossiger Glasanbau, der sich in seiner Form den übrigen Freisitzen der Häuserzeile anpasst.

Die Holzrahmenkonstruktion des Anbaus geht nicht nahtlos in den Bestand über, sondern springt leicht zurück, um eine Zäsur zwischen alt und neu erkennbar zu lassen. Die Fassadenbekleidung unterstreicht eine moderne Erscheinung, dennoch fügt sich der Anbau harmonisch ein. Die glatten, grau-blau lasierten Faserzementplatten der Fassade, die offenen Glasflächen und das Edelstahlblech für das Dach bilden einen bewussten Kontrast zur rauen Putzfläche und den Sprossenfenstern des Altbaus. Die große Schiebetür, die beinahe die Hälfte der Gartenseite einnimmt, lässt einen schwellenlosen Übergang ins Grüne zu. Die Übereckverglasung verstärkt diesen Eindruck der Raumerweiterung nach außen zusätzlich und trägt zu der Wirkung bei, eine viel größere Fläche als lediglich 18 m² hinzugewonnen zu haben. Dank der eingebauten Fußbodenheizung ist der Anbau auch im Winter ein angenehmer Aufenthaltsort.

Der ehemalige Freisitz auf der Gartenseite wurde durch einen nicht unterkellerten, eingeschossigen Glasanbau ersetzt, der sich in seiner Form den Freisitzen der Häuserzeile anpasst.

Der Bauherr

Entscheidung für ein eigenes Haus
Ein Nachbarhaus stand zum Verkauf und musste, nachdem der Vorbesitzer früher als geplant ausgezogen war, vorzeitig umgebaut werden. Anschließend sind wir sofort eingezogen.

Weg zum Architekten
Ein Haus in der näheren Umgebung war von unseren Architekten umgebaut worden. Es gefiel uns sehr gut, dadurch wurden wir auf sie aufmerksam.

Beginn der Planung
Wir haben die Architekten gleich nach dem Haus- und Grundstückskauf einbezogen.

Arbeit des Architekten
Die Architekten haben uns über ihre Aufgaben und ihr Honorar informiert. Da wir keine großen Heimwerker sind, kam für uns nur eine Komplettbeauftragung in Frage.

Bild des künftigen Hauses
Da wir jahrelang zwei Häuser weiter im selben Haustyp gewohnt hatten, wollten wir im neuen Reiheneckhaus genau dieselbe Wohnsituation antreffen. Die Architekten konnten uns jedoch von ihrer neuen, veränderten Lösung letztendlich überzeugen.

Vermittlung des Entwurfs
Die Architekten haben uns Pläne, ähnliche Beispiele, Materialmuster und ein Modell gezeigt, damit wir uns den Anbau besser vorstellen konnten. Der Entwurf war gut und wurde so umgesetzt.

Änderungen der Planung
Über den Entwurf wurde mit den Architekten viel diskutiert. Die von ihnen vorgeschlagene Dachterrasse auf dem Flachdach des Anbaus hatte uns z. B. nicht gefallen. Wir haben uns daraufhin auf ein geneigtes Metalldach geeinigt.

Teilnahme an der Bauphase
Da wir in der näheren Umgebung wohnten, konnten wir während der Bauphase den Umbau gut mitverfolgen.

Zeit- und Kostenplan
Sowohl der Zeit- als auch der Kostenplan wurden eingehalten.

Neues Zuhause
Der Anbau entspricht genau unseren Vorstellungen. Wir würden gerne jederzeit wieder mit diesen Architekten bauen.

Tugenden auf beiden Seiten
Tugend? Die Chemie muss stimmen.

Diana und Max Kieser

Der Architekt

Erstes Treffen
Wir hatten den ersten Termin mit den Bauherren vor Ort vereinbart. Da wir von ehemaligen Bauherren empfohlen wurden, waren einige unserer Projekte und unsere Vorgehensweise bereits bekannt.

Vorstellungen und Wünsche des Bauherrn
Der Kostenrahmen und Zeitplan waren recht knapp gehalten. Die Vorstellungen der Bauherren waren sehr konkret, weil sie zuvor in einem baugleichen, benachbarten Reihenmittelhaus wohnten. Doch dessen durch Umbauten veränderter Grundriss ließ sich in dem neuen Haus im Bezug auf den Anbau nicht vollständig umsetzen.

Ausgangssituation und Vorgaben
Der Bebauungsplan sah eine zweigeschossige Erweiterungsmöglichkeit von nur 2,50 m² in der Fläche vor. Ein weiterer Raum hätte so nicht entstehen können. Es kostete einige Mühe bei der Lokalbaukommission, die entsprechende Ausnahme für einen eingeschossigen Anbau zu erwirken.

Entwurf und Vermittlung
Alle Häuser in dieser Zeile haben einen halb überdeckten Freisitz zur Gartenseite. Die Idee bestand darin, diese Baukanten für den Anbau zu verwenden, damit er sich harmonisch ins Gesamtbild einfügt. Die Vermittlung erfolgte anhand von Skizzen, Modellen, Materialproben und gebauten Beispielen vor Ort. An einem Wochenende haben wir uns mit den Bauherren getroffen, um eine ähnliche Fassade mit raumhoher Schiebetür zu besichtigen.

Bestimmende Kriterien
Der Hauptwunsch der Bauherren war, einen zusätzlichen Raum zu gewinnen, mehr Licht und eine großzügige Raumwirkung für die bestehenden Räume.

Beginn der Zusammenarbeit
Da es sich um ein privates Bauvorhaben handelt, haben wir die Bauherren von Anfang an in die Planung einbezogen.

Materialien und Verfahrensweisen
Unter Denkmalschutz stehende Gebäude erfordern bei Um- und Anbauten einen besonders sensiblen Umgang mit modernen Materialien. Die Holzkonstruktion konnte an nur einem Tag auf die vorbereitete Bodenplatte montiert werden. Daher wurde das Risiko von Witterungsschäden in den bestehenden Wohnräumen aufgrund der geöffneten Fassade gemindert.

Leistungsphasen
Bei dem eher geringen Umfang der Bauaufgabe kam nur eine Übernahme aller Leistungsphasen in Frage. Zum Teil haben die Bauherren allerdings Arbeiten in Eigenleistung erbracht, z. B. kleinere Abbrucharbeiten und die Verlegung des Bodenbelags.

Schwierigkeiten und Probleme
Die Bauherren hatten große Bedenken, dass ihr neues Haus nicht dem vorherigen entsprechen könnte. Es erforderte einige Überzeugungsarbeit von unserer Seite, dass die Veränderung zu ihrem Vorteil sein würden. Schade ist, dass sie sich nicht für eine Dachterrasse auf dem Anbau entschieden haben, die den Wohnwert entschieden gesteigert hätte. Vielleicht hätten wir hartnäckiger argumentieren sollen.

Gewinn für den Bauherrn
Die Bauherren haben jetzt einen großzügigen, hellen und freundlichen Raum erhalten, der den Garten optisch ins Haus holt. Der tatsächliche wie der vermeintliche Flächengewinn tragen sicher deutlich zu einem gesteigerten Wohnkomfort und -gefühl bei.

Tugenden auf beiden Seiten
Die wichtigste Tugend eines Bauherrn ist Offenheit gegenüber neuen Ideen. Die wichtigste Tugend eines Architekten besteht darin, den Bauherrn und sich selbst mit dem Projekt zufriedenzustellen.

seeger-ullmann architekten

Architekt	Wolfgang Brandl
Bauherr	Dunja Klingshirn und Wolfgang Fuxen
Nutzung	Einfamilienhaus, Umbau
Wohnfläche	157,00 m²
Nutzfläche	73,00 m²
Lichte Raumhöhe	3,20 m (EG), 2,50 m (OG), 2,70 m (DG)
Bruttorauminhalt	850,00 m³
Konstruktion	teilweise Bruchsteinmauerwerk (Bestand), Ziegelmassivbauweise mit Stahlbetondecken, Holzpfettendachstuhl (Anbau)
Grundstücksfläche	2.321,00 m²
Heizwärmebedarf	ca. 50,00 kWwh/m²a
Primärenergiebedarf	ca. 60,00 kWh/m²a
Baukosten	1.086,00 €/m² (ohne Eigenleistungen)
Bauzeit	08/2000–09/2001
Besonderheiten	Bauen im Bestand, Umnutzung

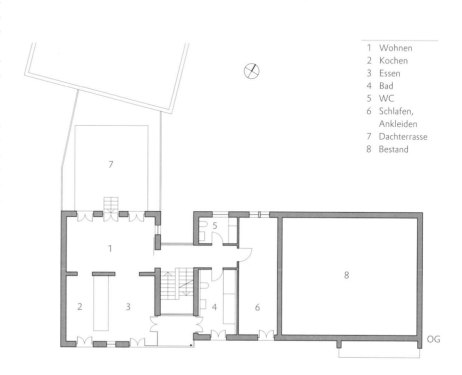

1 Wohnen
2 Kochen
3 Essen
4 Bad
5 WC
6 Schlafen, Ankleiden
7 Dachterrasse
8 Bestand

In Pfatter-Geisling, einem Dorf mit rund 900 Einwohnern östlich von Regensburg, wurde im Sinne einer Nachverdichtung in der Ortsmitte ein bestehendes zweigeschossiges Gebäude umgebaut und erweitert. Dieses um 1930 entstandene ehemalige Bauernhaus war bereits in den 1960er Jahren aufgestockt worden. Hier sollte in jeder Etage eine Wohnung eingerichtet werden und dort, wo früher ein Stall gewesen war, ein Anbau der dreiköpfigen Familie Platz bieten.

Die zur Verfügung stehende, relativ kleine Fläche war auf der einen Seite durch das bestehende Haus und auf der gegenüberliegenden Seite durch ein eingeschossiges Gebäude klar begrenzt. So ist in der Verlängerung des Bestands ein Neubau entstanden, der sowohl dessen Tiefe als auch dessen Dachform aufnimmt und fort-

führt. Gut erkennbar hebt er sich durch seinen farbigen Anstrich und die Trennung vom Bestand durch das Treppenhaus ab. Da für die Bewohner die Möglichkeit bestehen sollte, einerseits am Dorfleben teilzunehmen, andererseits sich auch zurückziehen zu können, sind an der Südseite Balkone und raumhohe Verglasungen im Ober- und Dachgeschoss zur Hauptstraße ausgerichtet. Der Wohnraum und die Terrasse auf der ebenfalls angebauten Garage dagegen liegen auf der rückwärtigen Hofseite. Hier befindet sich auch der Eingang zum verglasten Treppenhaus, das als Bindeglied zwischen alt und neu fungiert.

Da eine Unterkellerung aufgrund der angrenzenden Bebauung zu kostspielig war, wurden die Lagerräume und die Haustechnik ins Erdge-

schoss verlegt. Die Wohnräume liegen daher im Obergeschoss. Hier wird die gesamte Fläche des Anbaus von der offenen Küche mit Ess- und Wohnbereich eingenommen, der Elterntrakt mit Bad und Ankleide erstreckt sich auf der anderen Seite des Treppenhauses in den Bestand. Das Dachgeschoss gehört der kleinen Tochter, die später noch ein eigenes Bad, ebenfalls im Altbau, erhalten wird. Bei den Innenräumen wurde viel Wert auf die Verwendung weniger, aber hochwertiger Materialien und auf die Gestaltung von Details gelegt, z. B. gibt es einen beleuchteten Glasboden, eine drehbare, verspiegelte Garderobe, eine filigrane Stahltreppe, eine individuelle Schrankwand im Kinderzimmer. Die Wärmeversorgung erfolgt über eine zentrale Ölheizung mit solarer Brauchwassererwärmung.

*Auf der rückwärtigen Hofseite befindet sich auch
der Eingang zum verglasten Treppenhaus, das als
Bindeglied zwischen alt und neu fungiert.*

Der Bauherr

Entscheidung für ein eigenes Haus
Da wir mit unserer Tochter in einer kleinen
Stadtwohnung ohne Garten zur Miete wohnten,
sich aber ein nicht mehr genutzter Bauernhof in
Familienbesitz befand, war die Entscheidung für
die Baumaßnahme relativ schnell getroffen.

Weg zum Architekten
Es war für uns nicht selbstverständlich, mit einem Architekten zu bauen. In eher zufälligen
Gesprächen ermutigte Herr Brandl uns, unver-
bindlich von ihm realisierte Objekte zu besichtigen und die jeweiligen Bauherren nach ihren
Erfahrungen zu befragen.

Beginn der Planung
Nachdem für uns feststand, dass wir nur mit
Herrn Brandl bauen würden, wurde er mit allen
notwendigen Schritten von Anfang an beauftragt.

Arbeit des Architekten
Wir hatten eine landläufige Vorstellung von der
Arbeit eines Architekten: Er zeichnet einen Plan
nach den Vorgaben der Bauherren, bekommt
viel Geld dafür und dann baut die Firma nach
seinem Plan. Die Baukosten waren limitiert, der
Zeitrahmen nicht ganz so begrenzt.

Bild des künftigen Hauses
Ein konkretes Bild hatten wir nicht und hätten es
uns auch nicht vorstellen können.

Vermittlung des Entwurfs
Wir hatten teilweise Probleme, die technischen
Zeichnungen richtig zu interpretieren. Anhand
von skizzierten Perspektiven und vor allem mit
Hilfe eines Modells konnten wir uns dann sehr
konkrete Vorstellungen machen.

Änderungen der Planung
Im Nachhinein sind wir froh, dass Herr Brandl
bei bestimmten Themen konsequent blieb. Für
Probleme, Anregungen und Änderungswünsche, die das Gesamtkonzept unberührt ließen,
arbeitete er mehrere Varianten aus.

Teilnahme an der Bauphase
Da wir umfangreiche Eigenleistungen eingebracht haben, waren wir sehr intensiv in die Bauphase einbezogen. Dafür war es erforderlich,
dass die Vorgänge transparent waren.

Zeit- und Kostenplan
Der Zeit- und Kostenplan konnte problemlos
eingehalten werden. Leistungen wurden detailliert ausgeschrieben, die Ausführung regelmäßig überwacht, dokumentiert und Rechnungen
genau geprüft.

Neues Zuhause
Wir alle fühlen uns sehr wohl, selbst die Spiel-
kameradinnen unserer Tochter lieben die kleinen, aber feinen Vorzüge unseres Hauses. Wir
würden, hätten wir nochmals die Gelegenheit
zu bauen, nichts anders machen.

Tugenden auf beiden Seiten
Der Architekt sollte über Verlässlichkeit, Unabhängigkeit, Ehrlichkeit, Kreativität, Geduld und
Sachverstand verfügen, der Bauherr Offenheit
und Wertschätzung für erbrachte Leistungen
zeigen.

Echo
Obwohl der Umbau in der Bauphase von
Nachbarn misstrauisch beäugt wurde, sind
diejenigen, die das Haus heute besichtigen,
überrascht, welche Großzügigkeit auf so
kleiner Fläche entstanden ist und wie viel es
zum Anschauen gibt.

Dunja Klingshirn und Wolfgang Fuxen

Der Architekt

Erstes Treffen
Den Bauherren wurde anhand eines Portfolios die Arbeit meines Büros vorgestellt. Dabei haben wir gemeinsam das umzubauende Objekt und den Bauplatz besichtigt.

Vorstellungen und Wünsche des Bauherrn
Das Raumprogramm wurde zusammen mit den Bauherren entwickelt. Vorgaben waren ein enger Kostenrahmen und der Wunsch nach Helligkeit und Großzügigkeit.

Ausgangssituation und Vorgaben
Die vorhandene Bebauung sollte umgebaut und ergänzt werden. Vorgegeben waren die Kosten und eine maßgeschneiderte Grundrisslösung innerhalb der baurechtlich vorgegebenen Form und Abmessung des Gebäudes.

Entwurf und Vermittlung
Der Erweiterungsbau sollte integriert werden, aber dennoch deutlich als Neubau erkennbar sein. Der Entwurf wurde den Bauherren zunächst in Form von Zeichnungen präsentiert, ergänzt von einem Modell.

Bestimmende Kriterien
Das einzige Kriterium für die Realisierung war

das Vertrauen, das die Bauherren mir entgegenbrachten, ein lebenswertes Umfeld innerhalb des möglichen Kostenrahmens zu verwirklichen.

Beginn der Zusammenarbeit
Die Bauherren waren durchgehend in die Planung einbezogen. Sie haben dabei gelernt, ihre eigenen Vorstellungen zu artikulieren statt existierende Lösungen aus Zeitschriften zu übernehmen.

Materialien und Verfahrensweisen
Da der Bauherr Eigenleistungen einbringen konnte, galt es, seine Arbeitskraft koordiniert einzuplanen und ihn einzuweisen. Natürlich bedeutete das eine intensivere Betreuung als es die Zusammenarbeit mit einer Fachfirma mit sich bringt.

Leistungsphasen
Von meinem Büro wurden die Leistungsphasen 1 bis 9 erbracht.

Schwierigkeiten und Probleme
Anfangs war es schwierig, das Misstrauen der Bauherren zu beseitigen, die Verantwortung aus der Hand zu geben. Manchmal war es auch nicht einfach, die Bauherren, aber auch die Handwer-

ker, von ihrer Meinung nach unnötigen Schritten zu überzeugen, z. B. bei Maßnahmen zur Arbeitssicherheit, bei der Erstellung eines Fliesen- und Beleuchtungsplans sowie bei kostensparenden Ausschreibungen.

Gewinn für den Bauherrn
Ich glaube, dass die Bauherren gelernt haben, Architektur anders zu sehen, zu empfinden und Gestaltung anders zu bewerten. Sie haben sicher in Bezug auf Ästhetik und Lebenskomfort dazu gewonnen.

Tugenden auf beiden Seiten
Die wichtigsten Tugenden des Bauherrn sind das Vertrauen in die Kompetenz des Architekten und die Wertschätzung seiner Arbeit. Die wichtigsten Tugenden des Architekten sind, die gestalterische, wirtschaftliche und technische Verantwortung zu übernehmen und das ihm entgegen gebrachte Vertrauen zu rechtfertigen.

Wolfgang Brandl

Architekt	becker architekten
Bauherr	Yvonne und Uwe Zugschwerdt
Nutzung	Einfamilienhaus, Neubau
Wohnfläche	174,00 m²
Nutzfläche	71,00 m²
Lichte Raumhöhe	2,40 m
Bruttorauminhalt	702,00 m³
Konstruktion	Holzständerkonstruktion mit Sichtbetonschotten, Massivkeller aus Stahlbeton
Grundstücksfläche	591,00 m²
Heizwärmebedarf	43,79 kWh/m²a
Primärenergiebedarf	54,33 kWh/m²a
Baukosten	1.545,63 €/m²
Bauzeit	10/1999–04/2001
Besonderheiten	Niedrigenergiehaus

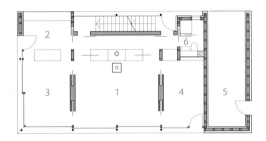

EG

1 Wohnen
2 Kochen
3 Essen
4 Arbeiten
5 Garage
6 Dusche, WC
7 Schlafen, Ankleide
8 Bad
9 Kind
10 Spielflur

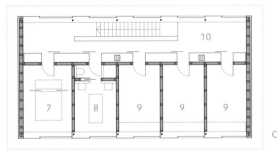

OG

Das Haus der Familie Zugschwerdt befindet sich in Martinszell, das auf halbem Weg zwischen Kempten im Allgäu und Immenstadt liegt. Das Dorf erstreckt sich als Straßensiedlung am Osthang eines Höhenrückens inmitten einer typischen Allgäuer Landschaft mit Blick auf die Oberstdorfer Berge. Der als Weideland genutzte Talgrund wird von der Iller durchflossen. Für die vorgesehene Dorferweiterung gab es einen Bebauungsplan, der insgesamt ca. 25 Parzellen vorsah.

Entsprechend der Vorgaben wurde das Einfamilienhaus als zweigeschossiger, stadelartiger Baukörper mit auskragendem Satteldach konzipiert, der so die ländliche Bauweise der Region aufgreift. Dies unterstreicht insbesondere eine umlaufende Lärchenschalung, die im Laufe der

Zeit eine silbergraue Färbung erhalten wird. An der Westseite des Hauses ist parallel zur Straße eine vor der Garage endende Holzlege platziert. Sie ist eine Abgrenzung zum öffentlichen Straßenraum und bildet zugleich einen kleinen, an den Seiten offenen Vorhof. Die Fassaden im Osten sowie Westen zeigen mit einer raumhohen Verglasung im Erdgeschoss, die an der Südseite fortgeführt wird, und einem durchgehenden Fensterband im Obergeschoss eine spiegelbildliche Entsprechung. Lediglich im Bereich der Garage und an der nördlichen Schmalseite umgibt die Holzverkleidung die Fassade vollständig.

Im Erdgeschoss befinden sich als statische Aussteifungselemente drei rechtwinklig zueinander versetzte Sichtbetonschotten. Sie fungieren mittels Betonkernaktivierung als Heizung und

begrenzen den zentralen Wohnbereich zu beiden Seiten und den Flur zur Treppe hin. Auf der einen Seite des Wohnbereichs liegt die offene Küche mit dem Essplatz, auf der anderen befindet sich ein Arbeitszimmer. Ein sich über zwei Geschosse erstreckender Holzschrank zoniert den Grundriss und bietet Stauraum. Im Obergeschoss liegen die drei Kinderzimmer so nebeneinander, dass der Flur davor zum Spielen genutzt werden kann. Diese Staffelung der Räume wird von dem Bad und dem Schlafzimmer der Eltern fortgeführt. Das Haus besteht nicht nur überwiegend aus Holz, sondern wird auch mit Holzpellets beheizt.

Die umlaufende Lärchenholzverschalung nimmt Bezug auf die ländliche Bauweise der Region. Die Fassaden im Osten sowie Westen zeigen mit einer raumhohen Verglasung im Erdgeschoss, die an der Südseite fortgeführt wird, und einem durchgehenden Fensterband im Obergeschoss eine spiegelbildliche Entsprechung.

Der Bauherr

Entscheidung für ein eigenes Haus
Unsere Mietwohnung war für unsere Familie zu klein geworden. Außerdem wuchs der Wunsch nach einem eigenen Heim, gebaut nach unseren Vorstellungen.

Weg zum Architekten
Durch ein bereits realisiertes Bauprojekt im Ort lernten wir unseren Architekten kennen. Bereits nach dem ersten Gespräch war uns klar, dass seine Vorstellungen von zeitgemäßem Bauen unseren Wünschen entsprachen. Die Berücksichtigung der lokalen Gegebenheiten und unserer Lebenssituation waren ausschlaggebende Kriterien für die Zusammenarbeit.

Beginn der Planung
Das Grundstück wurde bereits vor der Zusammenarbeit mit dem Architekten erworben. Alle anderen Abschnitte des Bauvorhabens wurden gemeinsam abgewickelt.

Arbeit des Architekten
Wir hatten zu Beginn keine genauen Vorstellungen von den Aufgaben des Architekten und seinem Honorar, aber wir wussten in jeder Phase, wo wir finanziell standen und welche Belastungen noch auf uns zukommen sollten. Die Betreuung durch den Architekten war sehr umfangreich.

Bild des künftigen Hauses
Wir hatten eher ein Klischee vor Augen: Allgäuer Landhausstil, aber etwas moderner und klarer gegliedert. Durch gemeinsame Exkursionen zu verschiedenen Objekten wurde uns bewusst, dass landschaftsbezogenes, zeitgemäßes Design und ökologische Bauweise eine Einheit bilden können.

Vermittlung des Entwurfs
Die Entwürfe wurden in vielen abendlichen Sitzungen gemeinsam entwickelt und verfeinert.

Der Architekt

Am Anfang stand eine Fülle von einzelnen Ideen auf Basis von Handskizzen. Für manche Details wurden Simulationen am Computer durchgeführt, um die Wirkung einzelner Elemente zu überprüfen.

Änderungen der Planung
Flexibilität war notwendig, da immer wieder Ideen aus Kostengründen verworfen werden mussten. Während der Bauphase kam es nur zu wenigen Änderungen, da die Planung sehr ausführlich war.

Teilnahme an der Bauphase
Da wir selbst umfangreich Hand angelegt haben, sind wir in die Bauphase sehr gut einbezogen worden. Es war uns wichtig, die technischen Zusammenhänge und Funktionen zu verstehen.

Zeit- und Kostenplan
Der Zeit- und Kostenplan wurde nicht eingehalten. Dies ist nicht auf den Architekt zurückzuführen, sondern auf den zeitlichen Aufwand unserer Eigenleistung und den aufwändigen Innenausbau, der zu Anfang nicht geplant war.

Neues Zuhause
Wir sind sehr zufrieden mit unserem Heim und würden es wieder so bauen. Zu unserem Architekt ist ein freundschaftliches Verhältnis vorhanden, d. h. wir stehen auch heute noch in Kontakt und suchen gelegentlich seine fachliche Hilfe.

Tugenden auf beiden Seiten
Zu den Tugenden des Architekten zählen das Reflektieren der Wünsche des Bauherrn und die Bereitschaft, seine Vorstellungen umzusetzen, ferner die Zuverlässigkeit bei Planung und Umsetzung. Zu den Tugenden des Bauherrn sollte der Architekt Stellung beziehen.

Yvonne und Uwe Zugschwerdt

Erstes Treffen
Um die spezifischen Qualitäten des Ortes gemeinsam zu erfahren, wurde bereits das erste Treffen mit den Architekten auf dem Bauplatz vereinbart.

Vorstellungen und Wünsche des Bauherrn
Wir wurden aufgrund von Informationen zu bereits gebauten Objekten ausgesucht und hatten daher einen gewissen Vertrauensvorschuss in Bezug auf unsere Qualifikation. Jeder Bauherr hat Wünsche hinsichtlich der Funktionalität, der optischen Gestaltung, des Budgets und des zeitlichen Ablaufs.

Ausgangssituation und Vorgaben
Zum einen spielte die Lage des Grundstücks eine Rolle, zum anderen entspricht das Raumprogramm den Anforderungen einer fünfköpfigen Familie. Die Art der Bebaubarkeit war über einen rechtskräftigen Bebauungsplan geregelt.

Entwurf und Vermittlung
Die Gestaltung des Hauses sollte sich an die Bauweise von landwirtschaftlichen Nutzbauten anlehnen. Die Vermittlung des Entwurfs erfolgte in intensiven Gesprächen mit dem Bauherrn und wurde durch Skizzen gestützt.

Bestimmende Kriterien
Bei dem versuchten ganzheitlichen Ansatz waren die Konzeptkriterien in Bezug auf Budget, Funktion, Nachhaltigkeit, Energiebilanz, Ökologie, Materialisierung, Raumatmosphäre und formale Aussage gleichrangig zu bewerten.

Beginn der Zusammenarbeit
Da der Bauherr einen wesentlichen Beitrag zur Konzeptfindung durch seine Wünsche, Empfindungen, Ängste etc. beisteuert, ist seine Einbindung ab dem ersten Treffen unabdingbar.

Materialien und Verfahrensweisen
Aufgrund der baulichen Vorbilder besteht, bis auf drei Stahlbetonwandscheiben im Inneren, der gesamte Baukörper ausschließlich aus Holz. Die Lärchenholzschalung betont den Charakter des möbelartigen Baus, der durch das Einbringen hoher Eigenleistungen des Bauherrn errichtet wurde.

Leistungsphasen
Aus unserer Sicht kann ein ambitioniertes Projekt nur in einer alle Leistungsphasen der HOAI beinhaltenden Betreuung umgesetzt werden.

Schwierigkeiten und Probleme
Die Konstellation, das gegenseitige Vertrauen und das beiderseitige Engagement ist aus unserer Sicht als nahezu optimal zu bezeichnen.

Gewinn für den Bauherrn
Wir hoffen, dass die Familie hinsichtlich Ästhetik, Wirtschaftlichkeit, Nachhaltigkeit und Lebenskomfort ein auf ihre Bedürfnisse optimal zugeschnittenes Haus erhalten hat. Ein Gewinn für beide Seiten ist sicher der erweiterte geistige Horizont, der durch die intensive Zusammenarbeit für beide Seiten entstanden ist.

Tugenden auf beiden Seiten
Eine partnerschaftliche Herangehensweise, deren Ziel immer die ganzheitliche Qualität beinhalten sollte, stellt die notwendige Tugend sowohl für den Architekten als auch für den Bauherrn dar.

becker architekten

Architekt	fabi architekten
Bauherr	Elfi und Helmut Haider
Nutzung	Einfamilienhaus, Neubau
Wohnfläche	145,20 m²
Nutzfläche	165,00 m²
Lichte Raumhöhe	2,65 m
Bruttorauminhalt	621,00 m³
Konstruktion	Ziegelmassivbauweise mit Wärmedämm-Verbundsystem
Grundstücksfläche	860,00 m²
Heizwärmebedarf	65,00 kWh/m²a
Primärenergiebedarf	50,00 kWh/m²a
Baukosten	1.250,00 €/m²
Bauzeit	04/2004–10/2004
Besonderheit	kostengünstig

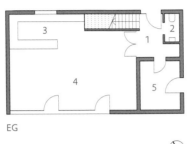

EG

OG

1	Diele	6	Bad
2	WC	7	Flur
3	Kochen	8	Ankleide
4	Essen/Wohnen	9	Kind
5	Technik	10	Schlafen

Das Haus eines Goldschmieds und seiner Familie liegt in einem Neubaugebiet der Stadt Teublitz in der mittleren Oberpfalz, das sich an eine vorhandene Bebauung mit vielen, unterschiedlichen Einfamilienhäusern im Stil der 1960er und 1970er Jahre anschließt.

Die schlichte Gestaltung des Baukörpers hebt sich insbesondere durch den schwarz gefärbten Außenputz von der ihn umgebenen Bebauung ab. Die Kontrastwirkung wird im Detail fortgeführt. So heben sich die Fensterrahmen aus Aluminium von dem dunklen Putz ab wie Schmuckstücke aus Silber, die auf schwarzem Samt liegend präsentiert werden.

Der Wunsch des Bauherrn bestand darin, für die vierköpfige Familie trotz eines kleinen Budgets ein möglichst geräumiges Haus zu erhalten. Daher wurde ein schmales, langes Haus mit geringen Spannweiten und daher einfacher Statik konzipiert sowie auf eine teure Unterkellerung verzichtet. Stattdessen bietet ein separates Nebengebäude Abstell- und Lagermöglichkeiten. Ferner wurde ein Kaltdach gewählt, das keinen Wärmestau im hinterlüfteten Dachbereich

zulässt. Details wurden so konzipiert, dass sie handwerklich einfach herzustellen sind, so z. B. ein integrierter Sonnenschutz aus Aluminiumlamellen an der Südseite, eine Haustür mit gefaltetem Aluminium als Eingangsmarkierung und eine Gartenbefestigung aus einfachen Holzstegen. Die Nordseite mit dem Hauseingang erscheint geschlossen, während sich die Fassade zur Gartenseite im Erdgeschoss bündig zur Holzterrasse öffnet, die wie die Fortsetzung des Innenraums im Freien wirkt. Nahezu das gesamte Erdgeschoss über einem Grundriss mit einer Fläche von rund 88 m² ist schrankenlos dem Kochen, Essen und Wohnen vorbehalten, lediglich ein kleiner Raum für die Haustechnik und das WC sind separiert. Die parallel zur Eingangsseite liegende Treppe führt ins Obergeschoss, wo zwei Kinderzimmer, das Schlafzimmer der Eltern mit Ankleide und das Bad von der Diele abzweigen. Die weiß gestrichenen Wände und die Innenraumgestaltung mit hellem Holz bewirken innen eine Großzügigkeit, die sich von außen zunächst nicht erahnen lässt. Eine auf dem Dach befindliche Solarthermieanlage unterstützt die Gasbrennwerttherme.

Nahezu das gesamte Erdgeschoss über einem Grundriss mit einer Fläche von rund 88 m² ist schrankenlos dem Kochen, Essen und Wohnen vorbehalten.

Die Fassade zur Gartenseite öffnet sich im Erdgeschoss bündig zur Holzterrasse, die wie die Verlängerung des Innenraums wirkt.

Die schlichte Gestaltung des Baukörpers hebt sich insbesondere durch den schwarz gefärbten Außenputz von der ihn umgebenen Bebauung ab.

Die weiß gestrichenen Wände und die Innenraumgestaltung mit hellem Holz bewirken innen eine Großzügigkeit, die sich von außen zunächst nicht erahnen lässt.

Der Bauherr

Entscheidung für ein eigenes Haus
Auf Anraten unseres Steuerberaters wollten wir ein eigenes Haus bauen. Außerdem war unsere Wohnung zuvor eine Katastrophe.

Weg zum Architekten
Wir wollten kein Haus von der Stange. Auf den Architekten sind wir durch einen Kunden bei mir im Geschäft gekommen. Wir haben uns den Internetauftritt von Stephan Fabi angesehen und waren überzeugt, dass er genau in dem Stil baut, der uns anspricht.

Beginn der Planung
Stephan Fabi war von Anfang an einbezogen. Das Grundstück war bereits vorhanden.

Arbeit des Architekten
Wir wollten, dass der Architekt uns alle anfallenden Entscheidungen abnimmt, uns berät, das ganze Bauvorhaben überwacht und leitet. Da wir von einem Hausbau keine Ahnung haben, wollten wir einen kompetenten Vermittler zwischen den ausführenden Handwerkern und uns. Das Thema Honorar wurde mit Stephan Fabi im Vorfeld geklärt.

Bild des künftigen Hauses
Wir hatten einen Bericht im Fernsehen über modernes Bauen gesehen, in dem ein Haus vorgestellt wurde, das uns spontan gefiel. Jedoch passte die Ausführung nicht in unsere Gegend. Wir wussten sehr konkret, dass der Charakter unseres Hauses nicht repräsentativ, sondern einfach, geradlinig und trotzdem modern sein sollte.

Vermittlung des Entwurfs
Wir erhielten von Stephan Fabi zuerst eine gezeichnete Skizze, die im Großen und Ganzen dem fertigen Haus entsprach, und zusätzlich eine 3-D-Vorlage. Wir haben von unserem ersten

Der Architekt

Gespräch bis zur Planfertigstellung keine fünf Treffen benötigt.

Änderungen der Planung

Stephan Fabi ging voll und ganz auf unsere Vorstellungen und Wünsche ein. Allerdings haben wir uns auch in vielen Dingen auf seine Meinung und Erfahrung verlassen. Manche Entscheidungen mussten aufgrund des engen Budgets getroffen werden. Wir waren uns sehr bald einig, wie das Haus aussehen sollte: Zwischen dem ersten Gespräch und dem Baubeginn lagen sechs Monate.

Teilnahme an der Bauphase

Da wir direkt neben der Baustelle wohnten, konnten wir permanent das Baugeschehen beobachten. Wir waren immer vorab über die nächsten anstehenden Schritte informiert.

Zeit- und Kostenplan

Der Zeit und Kostenplan wurde sehr genau eingehalten, zumal unsere Wünsche bescheiden waren. Die tatsächlichen Kosten lagen sogar niedriger als geplant, daher konnte der Garten samt Zaun sogar sofort angelegt werden.

Zeit- und Kostenplan

Wir fühlen uns in unserem Haus pudelwohl. Mit Stephan Fabi hatten wir wirklich Glück, er ist nach wie vor unser Ansprechpartner und es hat sich eine Freundschaft aus unserer Zusammenarbeit entwickelt. Wir sehen uns regelmäßig. Ich würde nie ein Haus anders bauen wollen.

Tugenden auf beiden Seiten

Zuverlässigkeit und Ehrlichkeit sind Tugenden, die für beide gelten.

Elfi und Helmut Haider

Erstes Treffen

Der Bauherr hatte sich unsere Projekte bereits auf unseren Internetseiten angesehen. Zu dem ersten Treffen hatte ich Unterlagen von einem abgeschlossenen Bauprojekt mitgebracht, um den Ablauf einer Planung, Ausschreibung und Bauüberwachung zu erklären.

Vorstellungen und Wünsche des Bauherrn

Die gemeinsamen Vorstellungen von einer architektonischen Formensprache waren ausschlaggebend dafür, warum uns der Bauherr beauftragte. Ein wichtiger Aspekt war der enge Kostenrahmen. Das hat sich jedoch sehr positiv ausgewirkt, da von Anfang an klar war, dass alle Materialien und Details extrem funktional und günstig sein sollten und somit wenig Spielraum für abstrakte Wünsche bestand.

Ausgangssituation und Vorgaben

Die Grundlage des Entwurfs bildet immer der Ort, die städtebauliche Situation. Ein weiterer Entwurfsaspekt ist die Situation der Nutzer, die das Raumprogramm bestimmt, und dann stellt die Besonderheit, z. B. dass der Bauherr als Goldschmied arbeitet, einen wichtigen inhaltlichen Bezug her.

Entwurf und Vermittlung

Die Idee war, dass das Haus die Anmutung eines Schmuckstücks erhalten sollte. Sie wurde anhand von Skizzen, Zeichnungen, 3-D-Simulationen, Materialcollagen und -mustern vermittelt.

Bestimmende Kriterien

Der enge Kostenrahmen war bestimmend.

Beginn der Zusammenarbeit

Der Bauherr war zu jedem Zeitpunkt bei Entwurf und Planung durch regelmäßige Besprechungstermine einbezogen.

Materialien und Verfahrensweisen

Wir haben bei diesem Projekt die Detailpunkte bewusst sehr offen geplant und ausgeschrieben, d. h. es wurde von uns den ausführenden Firmen eine Richtung vorgegeben mit der Angabe, wie das Detail aussehen bzw. wirken soll. Dann haben wir gemeinsam mit den Firmen nach der günstigsten Ausführung gesucht.

Leistungsphasen

Wir haben die Leistungsphasen 1 bis 9 übernommen.

Schwierigkeiten und Probleme

Der Verlauf dieses Bauprojekts war aus unserer Sicht ideal. Es gab kurze, intensive Besprechungen mit dem Bauherrn. Sie waren so unkompliziert, dass der organisatorische Aufwand überschaubar war.

Gewinn für den Bauherrn

Der größte Gewinn für den Bauherrn ist aus unserer Sicht der erhöhte Lebenskomfort: helle großzügige Räume, eine schöne Verbindung von Außen- und Innenraum sowie Rückzugsmöglichkeiten für die einzelnen Familienmitglieder.

Tugenden auf beiden Seiten

Die wichtigste Tugend des Bauherrn ist das Vertrauen in den Architekten, dass dieser seine Interessen vertritt und ihn einfach machen lässt. Die wichtigste Tugend des Architekten besteht in seiner Fähigkeit, Kunst, Technik, Kosten- und Terminmanagement gleichrangig miteinander zu verknüpfen und in seiner absoluten Ehrlichkeit dem Bauherren gegenüber.

fabi architekten

Architekt	abp architekten burian + pfeiffer
Bauherr	Gisela und Alexander Güntsch
Nutzung	Einfamilienhaus, Neubau
Wohnfläche	151,00 m²
Nutzfläche	83,00 m²
Lichte Raumhöhe	2,51 m (EG)
Bruttorauminhalt	914,00 m³
Konstruktion	Holzrahmenbauweise mit einer Fassade aus Lärchenholz
Grundstücksfläche	524,00 m²
Heizwärmebedarf	58,00 kWh/m²a
Baukosten	1.550,00 €/m² (ohne Eigenleistungen)
Bauzeit	08/2002–01/2003
Besonderheit	vorgefertigte Bauteile

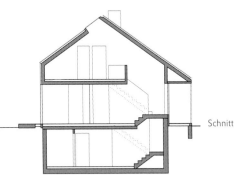

Schnitt

EG

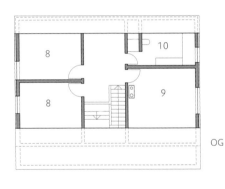

OG

1 Wohnen
2 Kochen
3 Essen
4 Arbeiten
5 Dusche, WC
6 Diele
7 Terrasse
8 Kind
9 Schlafen
10 Bad

Gauting liegt im Voralpenland südwestlich von München. Hier entstand am Ortsrand auf ebenem Gelände ein Neubaugebiet mit Einfamilienhäusern. Die Bauvorschriften legten exakt die Größe der Grundfläche des Hauses auf einem relativ kleinen Grundstück, seine mittige Lage darauf und seinen Abstand zu den benachbarten Häusern fest. Ferner waren die Dachform, ein Satteldach, und die Dachneigung mit 25 bis 35 Grad vorgegeben.

So entstand für eine Familie mit zwei kleinen Kindern ein mit sparsamen Mitteln errichtetes Holzhaus über rechteckigem Grundriss. Seine einzelnen Bauteile konnten vorgefertigt und dann vor Ort innerhalb von drei Tagen aufgestellt werden. Die Fassade zur Straßenseite und zu den beiden Seiten in nur kurzer Distanz zu den benachbarten Gebäuden ist mit Lärchen-

holz verkleidet, das hier eine raue Oberflächenstruktur besitzt. Wenige auf diesen drei Seiten befindliche Fensteröffnungen lassen sich mittels Schiebeelementen in der gleichen Holzstruktur verschließen, so dass die Homogenität der Fläche gewahrt bleibt. An der Südseite hingegen öffnet sich das Haus zur Terrasse mit Garten. Hier ist die Holzoberfläche möbelartig behandelt und markiert so den Übergangsbereich als bereits zum Wohnraum gehörend. Die Terrasse liegt unter einem einseitigen Dachüberstand, der auf die traditionelle, im nördlichen Oberbayern verbreitete Bauform des so genannten Greddachs verweist. Bündig abschließende Schiebeelemente dienen als Sonnenschutz.

Im Erdgeschoss befindet sich ein großzügiger Ess- und Kochbereich. Das große Antrittspodest ist Teil dieses zentralen Bereichs und vermittelt

zugleich den Übergang zur Treppe. Gegenüber liegt das durch eine Schiebetür abtrennbare Wohnzimmer, ferner sind direkt neben dem Eingang ein Arbeitszimmer und ein Duschbad untergebracht. Im Dachgeschoss mit den beiden Kinderzimmern, dem Elternschlafzimmer und dem Bad ist der mittlere Flur zu einem Spielbereich erweitert worden. Die Räume hier werden ausschließlich über Giebelfenster belichtet, ein großes Oberlicht befindet sich direkt über dem Flurbereich. Eine Pelletsheizung sorgt für eine umweltverträgliche Wärme, zudem wurde eine Kombinationsmöglichkeit mit Solarkollektoren vorgesehen.

Die Fensteröffnungen auf drei Seiten des Hauses lassen sich mittels Schiebeelementen in der gleichen Holzstruktur verschließen, so dass die Homogenität der Fläche gewahrt bleibt.

Im Erdgeschoss befindet sich ein großzügiger Ess- und Kochbereich.

Die Terrasse liegt unter einem einseitigen Dachüberstand, der auf die traditionelle, im nördlichen Oberbayern verbreitete Bauform des so genannten Greddachs verweist. Bündig abschließende Schiebeelemente dienen als Sonnenschutz.

Der Bauherr

Entscheidung für ein eigenes Haus
Unsere Entscheidung, ein Haus zu bauen, lag zum einen in der mittlerweile zu klein gewordenen Wohnung begründet, zum anderen in dem Wunsch, aus der Stadt in das Umland zu ziehen und dabei eigene Vorstellungen, wie wir wohnen möchten, zu verwirklichen.

Weg zum Architekten
Die Beschäftigung mit den üblichen Eigenheimzeitschriften und Broschüren von Fertighausfirmen führte uns zu der Erkenntnis, dass es sich bei den hier gezeigten Häusern um solche handelt, die aus im Wesentlichen stereotyp kombinierten Elementen zusammengesetzt sind. Wir sahen ein, dass die Zusammenarbeit mit einem Experten (der kein Verkäufer ist) bei einem komplexen Projekt für uns lohnend sein würde. Die Empfehlung des ehemaligen Arbeitgebers der Architekten und das Gefühl einer gemeinsamen Wellenlänge im ersten Gespräch gaben den Ausschlag für die Zusammenarbeit mit den Architekten.

Beginn der Planung
Wir wurden ab der Entwurfsplanung einbezogen.

Arbeit des Architekten
Unsere Vorstellung von der Tätigkeit eines Architekten war sehr vage: Die Kostensituation ist dank der HOAI ziemlich transparent, auch wenn wir Zweifel hatten, dass der Architekt dem HOAI-immanenten Anreiz widerstehen könnte, die Baukosten in die Höhe zu treiben. Andererseits hatten wir uns mit der Thematik im Vorfeld schon ausreichend beschäftigt.

Bild des künftigen Hauses
Unsere Überlegungen drehten sich zunächst lediglich um die mögliche Fassadengestaltung und die Nutzung der Räume. Weitergehende Gedanken hatten uns meist in irgendeine Sackgasse geführt.

Vermittlung des Entwurfs
Der Entwurf sah drei Alternativen vor. Die Zeichnungen wurden als Grundrisse und als perspektivische Skizzen vorgelegt. Sie waren alle ausführlich dargestellt und sehr gut verständlich.

Änderungen der Planung
Änderungen wurden relativ problemlos umgesetzt, wenngleich die Architekten stellenweise

Der Architekt

einen Standpunkt einnahmen, der uns eher (überspitzt formuliert) in die Richtung „function follows form" zu tendieren schien. Diese Gegenposition war aber immer auch sehr befruchtend.

Teilnahme an der Bauphase
Uns war wichtig, den Überblick in der Bauphase zu haben, da wir zum einen Eigenleistungen in Form von Malerarbeiten und Parkettverlegung erbrachten. Zum anderen erschien es uns wichtig, den Aufbau des Hauses und die kritischen Stellen an einzelnen Gewerken zu kennen.

Zeit- und Kostenplan
Die Einhaltung des Zeit- und Kostenplans war einwandfrei.

Neues Zuhause
Wir fühlen uns sehr wohl. Selbstverständlich gibt es Aspekte, die wir heute anders entscheiden würden, und kleinere Mängel. Die Architekten kümmern sich aber in der Regel auch nach mehreren Jahren noch um deren Behebung.

Tugenden auf beiden Seiten
Grundlegend wichtig für einen Architekten ist selbstverständlich die Sachkenntnis. Hinzu kommen aber vor allem „weiche Faktoren" wie die Fähigkeit, die Bedürfnisse des Bauherrn von Detailaspekten (z. B. konkrete Küchenplanungsdetails) auf grundlegende Prinzipien (z. B. Bedeutung der Küche für den Bauherrn) zurückzuführen und daraus wieder einen Detailentwurf zu entwickeln. Darüber hinaus ist auch die Einsicht des Architekten wichtig, dass für die Bewohner das Haus in allererster Linie ein Gebrauchsgegenstand ist, dessen Ästhetik zwar auch, aber eben beileibe nicht der hauptsächliche Aspekt für das subjektive Qualitätsempfinden ist. Die Fähigkeit zu einem straffen Projektmanagement inklusive Durchsetzungsfähigkeit gegenüber den Handwerkern muss sich mit Einfühlungsvermögen gegenüber allen am Projekt Beteiligten paaren. Grundlegend für eine funktionierende Zusammenarbeit ist seitens des Bauherrn unserer Meinung nach die Einsicht, in dem Architekten einen kompetenten Geschäftspartner zu haben, und die Bereitschaft des Bauherrn, von eigenen, konkreten Vorstellungen dann abzugehen, wenn diese nicht in den ganzen Plan passen.

Gisela und Alexander Güntsch

Erstes Treffen
Wir hatten Fotos und Pläne von bereits beendeten sowie laufenden Projekten zusammengestellt, um sie zu zeigen.

Vorstellungen und Wünsche des Bauherrn
Von Bauherrenseite wurde ein Holzbau gewünscht. Der maximale Kostenrahmen war klar begrenzt.

Ausgangssituation und Vorgaben
Es waren wesentliche, äußerst einengende Vorgaben durch den Bebauungsplan gegeben. Das räumliche Konzept wurde in gemeinsamen Gesprächen aus den Anforderungen der Bauherren heraus entwickelt.

Entwurf und Vermittlung
Die äußere Gestalt beruht auf einer Neuinterpretation traditioneller Bauformen, wie z. B. der des so genannten Greddachs. Innen sollte trotz der knapp bemessenen Grundfläche eine räumliche Großzügigkeit und Offenheit entwickelt werden. Dies wurde mit Durchblicken, dem offenen, zentralen Treppenraum und einer klaren Orientierung zum Garten hin erreicht. Die Terrasse verlagert im Wohnbereich den Raumabschluss nach außen. Der Entwurf wurde anhand von Plänen, Perspektiven und eines Modells im Maßstab 1:50 erläutert.

Bestimmende Kriterien
Die größte Schwierigkeit bestand darin, unter den Vorgaben des Bebauungsplans und den gestalterischen Vorstellungen der Genehmigungsbehörde ein modernes und ansprechendes Haus zu entwickeln.

Beginn der Zusammenarbeit
Alle Fragen, welche die Nutzung, Gewohnheiten der Bauherren, Materialien und Kosten betrafen, wurden intensiv mit den Bauherren diskutiert. Gestalterische Fragen wurden von uns erklärt, wir erhielten im Wesentlichen Entscheidungsfreiheit. Gegenseitiges Vertrauen führte zu einer kooperativen Zusammenarbeit

Materialien und Verfahrensweisen
Das bestimmende Baumaterial war Holz. Dies hatte bereits in der Entwurfsphase Auswirkungen auf unsere Planung einer offenen Raumgestaltung. Die Dauer der Bauzeit konnte durch den hohen Vorfertigungsanteil reduziert werden.

Leistungsphasen
Unser Büro hat die Leistungsphasen 1 bis 8 ausgeführt.

Schwierigkeiten und Probleme
Das Projekt war während der gesamten Planungs- und Ausführungsphase von einer sehr guten Zusammenarbeit mit den Bauherren geprägt. Der Kostenrahmen war etwas einengend.

Gewinn für den Bauherrn
Das Haus ist hinsichtlich der Kosten vergleichbar mit der üblichen „Stangenware". Den wesentlichen Gewinn für die Bauherren sehen wir darin, dass sie ein auf ihre Bedürfnisse und Lebensgewohnheiten zugeschnittenes Haus erhalten haben.

Tugenden auf beiden Seiten
Das Vertrauen des Bauherrn in die Arbeit des Architekten ist der wesentliche Punkt für das Gelingen eines Projekts und ein für beide Seiten befriedigendes Ergebnis. Der Bauherr soll klare Vorstellungen von seinen Bedürfnissen haben, dabei jedoch Offenheit im Denken bewahren. Der Architekt muss das Projekt immer aus der speziellen Situation und den Nutzeranforderungen heraus entwickeln und darf dabei nie die Gesamtheit aus den Augen verlieren.

abp architekten burian + pfeiffer

GLOSSAR

Das Glossar ist als Erläuterung des Sach- und Projektteils angelegt. Die Beschreibungen dienen der Textverständlichkeit, sind jedoch keine baurechtlich verbindlichen Definitionen. Das Glossar ist kein vollständiges Baulexikon.

A

Architektenliste, Berufsqualifikation Architekt
Liste der Architektenkammern mit ihren Pflichtmitgliedern, da nur derjenige die geschützte Bezeichnung Architekt führen darf, der von der Kammer des jeweiligen Bundeslandes aufgenommen ist. Ein Planer kann sich in die Liste aufnehmen lassen, wenn er nach abgeschlossenem Hochschulstudium mindestens zwei, in einigen Bundesländern drei Jahre Berufserfahrung besitzt und die Leistungsphasen 1 bis 9 in seiner bisherigen Berufspraxis oder durch entsprechende Fortbildungen absolviert hat.

Ausführungsplanung
↗ Werkplanung

Ausschreibung
Eine Ausschreibung ist ein Teil des Verfahrens zur Vergabe von Aufträgen im Wettbewerb. Durch sie werden potenzielle Bieter (einzelne Gewerke, Baufirmen) aufgefordert, ein Angebot zu unterbreiten.

B

Bauantrag
Der Bauantrag ist der Antrag auf eine Baugenehmigung für ein Bauvorhaben. Grundsätzlich gehören zum Bauantrag eines Einfamilienhauses neben dem je nach Bundesland unterschiedlichen Formularsatz ein Lageplan, ein Übersichtsplan, Bauzeichnungen, Baubeschreibung, Berechnung der Grundflächen und Geschossflächenzahl, des umbauten Raumes und der Nutz- und Wohnflächen, Nachweis der erforderlichen Pkw-Einstellplätze, die bautechnischen Nachweise (die Statik) sowie der Wärme- und Schallschutznachweis. Bauanträge werden im Normalfall von bauvorlageberechtigten Entwurfsverfassern erstellt.

Baulast
Baulasten sind öffentlich-rechtliche Verpflichtungen und Eintragungen im Grundbuch. Sie verpflichten den Grundstückseigentümer bestimmte Vorgänge zu dulden oder auch zu unterlassen, wie zum Beispiel Durchfahrtsrecht des Nachbarn auf dem Grundstück oder das Durchführen von öffentlichen Leistungen, etc.

Bauleiter / Bauleitung
Dem Bauleiter (Architekt oder Bauingenieur) obliegt die Bauüberwachung. Er steuert den zeitlichen Ablauf der einzelnen Baumaßnahmen und kontrolliert vor Ort die fachgerechte Ausführung (↗ Sicherheits- und Gesundheitsschutzkoordinator).

Bauträger
Bauträger errichten Wohn- und Gewerbebauten auf selbst gekauften Grundstücken. Das Bauträgerunternehmen tritt somit als Bauherr auf und veräußert sein Projekt anschließend an den Kunden (siehe auch Makler- und Bauträgerverordnung).

Bebauungsplan
Städte und Gemeinden entwickeln und beschließen in Eigenverantwortung Pläne, wie das jeweils ausgewiesene Baugebiet bebaut werden soll. Dies geschieht unter Berücksichtigung der Landesbauordnung, einzelner Bundesgesetze und der vorherrschenden Gegebenheiten.

Brennwertgeräte
Wärmeerzeuger, bei denen die im Wasserdampf enthaltene Kondensationswärme durch Abkühlung nutzbar gemacht wird.

Bruttogeschossfläche (BGF)
Die Bruttogeschossfläche wird aus dem Außenmaß aller Vollgeschosse berechnet. Dazugerechnet werden die Flächen von Aufenthaltsräumen in anderen Geschossen einschließlich der zu ihnen gehörenden Treppenräumen und ihrer Umfassungswände. Nebenanlagen, Balkone, Loggien und Terrassen werden nicht mitgerechnet.

Bruttorauminhalt
Der Bruttorauminhalt ist das Volumen (Rauminhalt) eines Gebäudes. Dieser Wert wird auch im Baugesuch angegeben. In Deutschland wird er auf Grundlage der DIN 277 ermittelt.

D

Drempel
↗ Kniestock

E

Energieeinsparverordnung (EnEV)
Für Deutschland maßgebend ist das Energieeinspargesetz (EnEG), das zuletzt 2005 auf Basis von Vorgaben der Europäischen Union geändert wurde. Die EnEV setzt die Zielset-

zungen der EnEG mit präzisen Rechen- und Nachweisverfahren in die Praxis um. Nach der künftigen Energieeinsparverordnung sind Eigentümer und Vermieter verpflichtet, im Falle des Verkaufs oder der Vermietung Interessenten einen Energieausweis zugänglich zu machen. Eigentümer und Vermieter von Wohngebäuden mit bis zu vier Wohnungen, die entsprechend dem Standard der 1977 erlassenen Wärmeschutzverordnung errichtet oder später auf diesen Standard gebracht wurden, können dabei wählen, ob sie den Energieausweis auf der Grundlage des errechneten Energiebedarfs oder des tatsächlichen Energieverbrauchs einsetzen. Nur für Wohngebäude aus der Zeit vor der Wärmeschutzverordnung von 1977, die dieses Qualitätsniveau nicht erreichen, wird ab dem 1. Januar 2008 der Bedarfsausweis verbindlich. Übergangsweise soll die Wahlfreiheit zwischen Energieausweisen auf Bedarfs- und auf Verbrauchsgrundlage vor dem 1. Januar 2008 uneingeschränkt gelten.

F

Fertighaus
In der Regel werden Fertighäuser in Werkhallen industriell vorgefertigt und in einzelnen Teilen auf die Baustelle geliefert. Dort findet die Endmontage statt. Der Mehraufwand an Planung und Kordination im Vorfeld wird durch die Standardisierung der Bauteile und die sich daraus ergebende kürzere Bauzeit ausgeglichen.

First (Dachfirst)
Höchste, meist waagerechte Kante an einem aus zwei gegeneinander geneigten Dachflächen bestehenden Dach.

G

Gasbrennwertherme
↗ Brennwertgeräte

Gaube
In Querrichtung auf dem Dach sitzender Aufbau mit senkrechten Fensteröffnungen. Es wird unterschieden zwischen Giebel-, Walm-, Schlepp-, Rund- oder Spitzgauben.

Genehmigungsplanung
↗ Bauantrag

Generalübernehmer
Auf dem Grundstück des Bauherrn ist der Generalübernehmer für die Planung und Durch-

führung eines Bauvorhabens ganz (oder teilweise) in eigenem Namen und auf eigene Rechnung verantwortlich.

Generalunternehmer
Der Generalunternehmer ist einziger Vertragspartner gegenüber dem Bauherrn. Für alle Bauleistungen, die nicht von ihm selbst erbracht werden, beauftragt er in eigenem Namen ein Subunternehmen.

Gewerke
Bezeichnung für die verschiedenen Leistungsbereiche (Handwerksbranchen), nach denen bei Ausschreibungen und Ausführung unterschieden wird.

H Heizwärmebedarf
Der Jahres-Heizwärmebedarf gilt als Parameter zur Beurteilung der energetischen Qualität eines Gebäudes. Zur Berechnung werden folgende Aspekte berücksichtigt: Wärmeverluste über die Gebäudehüllfläche (Außenwände, Fenster, Dach und untere Begrenzung), Gebäudekubatur, Lüftungs- und Infiltrationswärmeverluste, Wärmebrückenverluste, innere Wärmequellen, solare Gewinne, Verschattung durch Umgebung und Fassadengeometrie, Raumtemperatur, erneuerbare Energiequellen, Heizungs- und Lüftungstechnik, Klimabedingungen. Die Energiebilanz bezieht sich generell auf den Betrachtungszeitraum von einem Jahr und wird folgendermaßen formuliert:

    Wärmeverluste
  + Lüftungswärmeverluste
  – Interne Wärmegewinne
  – Solare Wärmegewinne

  = Heizwärmebedarf

Die jährlichen Energiemenge wird in Kilowattstunden (kWh/a) angegeben. Das Verhalten der Bewohner (Anwesenheit, Aktivität, Raumtemperatur, Lüftung, Wahl der Haushaltsgeräte, Nutzung der Regelungssysteme etc.) hat erheblichen Einfluss auf die Energiebilanz. In den Berechnungen ist deshalb ein Standardnutzerverhalten zugrunde gelegt.

HOAI
Honorarordnung für Architekten und Ingenieure.

Holzlege
Aufbewahrungsmöglichkeit für Holzscheite.

Holztafelbauweise
Bei dieser Bauweise werden Holztafeln, bestehend aus einem Rahmen mit eingesetzten Holzständern oder -rippen, mit Spanplatten großflächig beplankt. Im Unterschied zur Holzskelettbauweise wird bei der Tafelbauweise die Last des Hauses nicht von dem Holzskelett, sondern von der kompletten Wand getragen, der Holztafel. Zusammen mit den Decken bilden die Wände die tragende Konstruktion des Hauses. Nachteil: Konstruktionsänderungen sind nachträglich nur mit großem Aufwand möglich. Vorteile der Bauweise: hoher Vorfertigungsgrad, geringe Wanddicken, schnelle Bauzeit und wenig Baufeuchte im Bauprozess.

K Kataster
Beschreibung und kartografische Darstellung der baulichen Anlagen und Flurstücke nach Art der Nutzung, Größe und Lage. Das Kataster ist Basis des Grundbuchs.

Kehlbalken
Querbalken zur Aussteifung und Verbindung eines Sparrenpaars bei größerer Sparrenlänge.

Kniestock
Der Kniestock wird gemessen an der Außenkante des Gebäudes von der Oberkante der Rohdecke (ohne Bodenbelag) bis zum Schnittpunkt der Außenwand mit der Sparrenunterkante.

L Lichte Raumhöhe
Inneres Maß eines Raums von der Fußbodenober- zur Deckenunterkante.

M Massivbauweise
Bauweise, bei der Konstruktion und füllende Funktion identisch sind. Gegensätzliche Bauweisen sind Skelett- oder Fachwerksbau. Mauerstein und Mauerziegel zählen in unterschiedlichen Abmessungen und Ausführungen neben Beton zu den wichtigsten Materialien im Massivbau.

N Niedrigenergiehaus
Wurden Niedrigenergiehäuser noch vor wenigen Jahren als ökologisch besonders fortschrittliche Bauweise angesehen, so sind sie inzwischen beim Neubau Standard. Im Niedrigenergiehaus werden im Jahr nur noch vier bis acht Liter Heizöl pro Quadratmeter Wohnfläche verbraucht (Heizwärmebedarf Niedrigenergiehaus: 40 – 79 KWh/m²a, Stand 2006). Diese Klassifizierung sagt nichts über die Bauweise des Niedrigenergiehauses aus. Für ein freistehendes Einfamilienhaus mit großer Außenfläche (Dachgauben, Erker etc.), das auf der Südseite von Nachbargebäuden oder Bäumen beschattet und dem Westwind ausgesetzt ist, sind relativ aufwändige Wärmedämmungsmaßnahmen notwendig, um als Niedrigenergiehaus anerkannt zu werden. Der Begriff Niedrigenergiehaus ist nicht gesetzlich definiert.

Nutzfläche (NF)
Die Nutzfläche bezeichnet im Gegensatz zur Wohnfläche die Fläche aller Räume eines Hauses oder einer Wohnung, die nicht unmittelbar zum Wohnen genutzt werden wie Hobbyräume, Garagen, Kellerräume und unausgebaute Dachböden. Für die Berechnung der Nutzfläche sind die lichten Fertigmaße (Fußbodenhöhe ohne Berücksichtigung von Fußleisten u.ä.) maßgeblich. Nicht anrechnungsfähig für die Ermittlung der Nutzfläche sind sogenannte Konstruktions-, Funktions- und Verkehrsflächen (vgl. DIN 277).

O Ortgang
Auch Ort genannt; seitliche Kante am geneigten Dach, die den Giebel eines Gebäudes nach oben begrenzt. Der Ortgang verbindet Dachtraufe und Dachfirst miteinander.

P Pelletsheizung
Heizung, die mit so genannten Holzpellets befeuert wird. Holzpellets sind kleine genormte Presslinge (Pellets) aus dem Rohstoff Holz. Für eine Pelletsheizung benötigt man einen Lagerraum für die Holzpellets. Die Wirtschaftlichkeit einer Holzpelletsheizung hängt vor allem von der Entwicklung der Energiepreise ab.

Pergola
Rankgerüst, nicht überdeckter Laubengang in einer Gartenanlage.

Pfosten-Riegel-Konstruktion

Tragkonstruktion, die aus untereinander verbundenen, vertikal (Pfosten) und horizontal (Riegel) angeordneten, stabförmigen Bauteilen besteht.

Primärenergiebedarf

Der Primärenergiebedarf berücksichtigt neben dem Endenergiebedarf für Heizung und Warmwasser auch die Verluste, die von der Gewinnung des Energieträgers an seiner Quelle über Aufbereitung und Transport bis zum Gebäude anfallen. Zur Ermittlung des Primärenergiebedarfs wird deshalb der Endenergiebedarf eines Gebäudes mit dem Primärenergiefaktor multipliziert. Dieser Faktor ist regional unterschiedlich. In Deutschland ist er in der EnEV festgeschrieben.

S Satteldach

Eine aus zwei gegen einen gemeinsamen First ansteigenden Flächen und zwei Giebeln bestehende Dachform.

Schnitt

Bauzeichnung, die an angemerkter Kante im Grundriss vertikal durch das gesamte Gebäude schneidet. Die an der Schnittlinie angegebenen Pfeile geben hierbei die Blickrichtung vor.

Schottenbauweise

Ein System tragender Wände quer zur Längsachse eines Gebäudes. Von Nachteil ist, dass die Zimmer- und Hausbreiten durch Spannweiten bestimmt werden, die je nach Materialwahl der Decke vorgegeben sind. Von Vorteil ist die große Freiheit in der Gestaltung Außenwände, da keine konstruktiven Einschränkungen für die Platzierung von möglichen Öffnungen bestehen.

Sicherheits- und Gesundheitsschutzkoordinator (SiGeKo)

Der Bauherr ist nach Baustellenverordnung für die Sicherheit auf der Baustelle verantwortlich. Ein Sicherheits- und Gesundheitsschutzkoordinator ist in folgenden Fällen zu beauftragen:
· bei Baustellen, auf denen Beschäftigte mehrerer Arbeitgeber tätig sind
· bei besonders gefährliche Arbeiten (Absturzhöhe über 7 m)

· wenn eine Baustelle größer als 500 Personentage vorliegt. Hier muß eine Vorankündigung an das Gewerbeaufsichtsamt geschickt werden.

Der Bauherr wird durch die Bestellung eines geeigneten Koordinators nicht von seiner Verantwortung entbunden, seine Verpflichtungen nach BaustellV zu erfüllen (§ 3 Abs. 1a BaustellV). Der SiGeKo kann ein Architekt, Bauingenieur oder Sicherheitsingenieur mit entsprechenden Zusatzqualifikationen sein. Diese Leistung muss seperat vergütet werden.

Solarthermieanlage

Solarthermische Heizungsanlage, Sonnenheizungsanlage.

Sparren

Schräg ansteigende Hölzer einer Dachkonstruktion, meist paarweise angeordnet, die die Dachlatten und die Dachhaut tragen.

Sparrendach

Dachkonstruktion in Form eines Satteldaches, bei der jedes Sparrenpaar mit dem dazugehörigen Deckenbalken zu einem unverschiebbaren Dreieck zusammengefügt wird.

Stadel

In Süddeutschland vorkommende Form eines Heuschobers, der nicht freisteht, sondern an den Wohntrakt des Bauernhauses angefügt ist.

T Tag der Architektur

Privathäuser und öffentliche Bauprojekte sind an diesem Tag für die Öffentlichkeit zugänglich. Von den Architektenkammern der jeweiligen Bundesländer werden die Projekte ausgewählt, ein Programmheft erstellt und Führungen organisiert.

Tenne

Teil einer Scheune, der zum Dreschen des Getreides dient.

Torfhütte

Häuschen mit Satteldach und einer Holzkonstruktion über rechteckigem Grundriss, das keine sichtbaren Öffnungen hat.

Traufhöhe

Die Traufhöhe wird gemessen von der Schnittlinie zwischen Außenwand und Dachhaut zur festgelegten Geländeoberfläche.

W Wärmedämm-Verbundsystem (WDVS)

Das WDVS ist eine spezielle Ausführung der Wärmedämmung auf der Außenwand von Gebäuden. Auf die eigentliche Wärmedämmung wird die Armierungsschicht, bestehend aus Armierungsgewebe und Kleber, aufgetragen. Die Dämmstoffe sind ggfs. noch mit speziellen Dübeln zu befestigen. Darauf wird dann der Außenputz aufgebracht, der je nach Anforderungen und Produkt noch gestrichen werden kann. Da ein WDVS kein genormtes Bauteil ist, muss in Deutschland eine bauaufsichtliche Zulassung vorliegen.

Werkplanung

Die Ausführungsplanung (Werkplanung) ist ein Teil der Bauplanung. In der Honorarordnung für Architekten und Ingenieure gilt die Ausführungsplanung als fünfte Leistungsphase.

Wohnfläche

Summe der anrechenbaren Grundflächen, die zur Wohnung gehören. Nicht zur Wohnfläche gehören die Grundflächen von Keller, Abstellräumen außerhalb der Wohnung, Dachböden, Garagen, Wirtschafträumen und Geschäftsräumen. Die Berechnung erfolgt nach der Wohnflächenverordnung (WoFIV) vom 01.01.2004, früher Zweite Berechnungsverordnung.

Z Zeltdach

Pyramidendach; über vieleckigem oder quadratischem Grundriss errichtetes Dach, dessen Flächen zu einer Spitze zusammenlaufen.

VERZEICHNIS DER ARCHITEKTEN

↘ 01 **M. Omasreiter Architekturbüro**
Kazmairstraße 46
80339 München
www.omasreiter.com

↘ 02 **Keller + Wittig Architekten GbR**
mit Isabel Mayer
Hubertstraße 6-7
03044 Cottbus
www.keller-wittig.de

↘ 03 **Klingholz, Fürst & Niedermaier**
Tobias Fürst, Katja Klingholz,
Hans Niedermaier
Baldestraße 19
80469 München
www.derhausladen.de

↘ 04 **wilhelm und partner** Freie Architekten BDA
Barbara Wilhelm, Fritz Wilhelm,
Frank Hovenbitzer
Am unteren Sonnenrain 4
79539 Lörrach
www.wilhelm-partner.com

↘ 05 **SoHo Architektur**
Rehmstraße 4
86161 Augsburg
www.soho-architektur.de

↘ 06 **Eisenberg Architekten**
Hochstraße 36
45894 Gelsenkirchen
www.eisenberg-architekten.de

↘ 07 **Berschneider + Berschneider**
Hauptstraße 12
92367 Pilsach
www.berschneider.com

↘ 08 **Bembé + Dellinger Architekten**
Im Schloss
86926 Greifenberg
www.bembe-dellinger.de

↘ 09 **Florian Höfer**
Max-Weber-Platz 1
81675 München
www.florianhoefer.de

↘ 10 **Reichel Architekten**
Wolfsschlucht 6
34117 Kassel
www.reichel-architekten.de

↘ 11 **Philipp Jamme**
Rembrandtstraße 21
14467 Potsdam
www.jamme.de

↘ 12 **Gassner & Zarecky**
Maiglöckchenweg 16
85521 Riemerling
www.gassner-zarecky.de

↘ 13 **HEIDE | VON BECKERATH | ALBERTS**
Kurfürstendamm 173
10707 Berlin
www.heidevonbeckerathalberts.com

↘ 14 **tools off.architecture**
Durant Notter Architekten BDA
mit Kerstin Schaich
Arcisstraße 68
80801 München
www.tools-off.com

↘ 15 **dd1 architekten**
Eckard Helfrich
Lars Olaf Schmidt
Chemnitzer Straße 78
01187 Dresden
www.dd1architekten.de

↘ 16 **Architekturbüro Wallner**
Zentnerstraße 1
80355 München
www.wallner-architekten.de

↘ 17 **Bohn Architekten**
Julia Mang-Bohn
Hechtseestraße 31
81671 München
www.bohnarchitekten.de

↘ 18 **03 München**
Büro für Städtebau und Architektur
Garkisch, Schmid, Wimmer
Hermann-Lingg-Straße 10
80336 München
www.03muenchen.de

↘ 19 **ü.NN architektur**
Alte Handelsstr. 15
57439 Attendorn
www.uenn.de

↘ 20 **Stolz Architekten**
Samerstraße 8
83022 Rosenheim
www.stolz-arch.de

↘ 21 **seeger-ullmann architekten**
Heilbrunner Straße 63
81671 München
www.seeger-ullmann.de

↘ 22 **Wolfgang Brandl**
An der Hülling 2
93047 Regensburg
www.brandl-architekt.de

↘ 23 **becker architekten**
Beethovenstraße 7
87435 Kempten
www.becker-architekten.de

↘ 24 **fabi architekten**
Glockengasse 10
93047 Regensburg
www.fabi-architekten.de

↘ 25 **abp architekten burian+pfeiffer**
Spicherenstraße 6
81667 München
www.abp-architekten.com

WEITERE INFORMATIONEN

BERATUNGSSTELLEN

Architektenkammern der Bundesländer
www.architektenkammer.de

Verband privater Bauherrn
www.vpb.de

sowie lokale Baubehörden

ALLGEMEINE INFORMATIONSQUELLEN

Deutsche Energie-Agentur dena
www.deutsche-energie-agentur.de

**Informationen zu aktuellen
Themen der Baubranche**
www.baunetz.de/bauherr

**Kompetenzzentrum kostengünstig
qualitätsbewusst Bauen**
www.kompetenzzentrum-iemb.de

Umweltbundesamt UBA
www.umweltbundesamt.de

INFORMATIONEN ZU FÖRDERPROGRAMMEN

KfW Bankengruppe
www.kfw.de

Bauministerium BMVBS
www.bmvbs.de

**Informationen zur Baufinanzierung
Verbraucherzentrale Bundesverband e.V**
www.baufoerderer.de

**Bundesamt für Wirtschaft und
Ausfuhrkontrolle BAFA**
Förderung erneuerbarer Energien
www.bafa.de

**Informationen zu Förderprogrammen bei
Nutzung erneuerbarer Energien oder Maßnahmen zur Energieeinsparung**
www.energiefoerderung.info

Umweltbank
Gefördert werden umweltfreundliche Baumaßnahmen, die in einem Punktekatalog aufgeführt sind. Der Zinssatz richtet sich nach der
Anzahl der gesammelten Umweltpunkte.
www.umweltbank.de

Wirtschaftsministerium BMWI
www.bmwi.de

sowie regionale Informationen
der Länder und Kommunen

WEITERFÜHRENDE LITERATUR

Detail, Zeitschrift für Architektur und
Baudetail, 5/2006: Gut und günstig

Detail, Zeitschrift für Architektur und
Baudetail, 4/2007: Kostengünstig Bauen

Faller, Peter: Der Wohnungsgrundriss,
Stuttgart/München 2002

Grimm, Friedrich: Familienhäuser,
München 2005

Kottjé, Johannes: Welches Haus passt zu mir?
Material, Konstruktion, Typ,
München 2006

Rühm, Bettina: Der optimale Grundriss.
50 aktuelle Wohnhäuser für Singles, Paare,
Familien, München 2004

Sack, Manfred; Hintze Bettina: Die besten
Einfamilienhäuser, München 2005

Salazar, Jaime; Gausa, Manuel: Single-Family
Housing, The Private Domain, Basel/Boston/
Berlin 1999

Schittich, Christian (Hrsg.): Im Detail:
Reihen- und Doppelhäuser,
Basel/Boston/Berlin, 2006

Schittich, Christian (Hrsg.): Im Detail:
Einfamilienhäuser, Basel/Boston/Berlin, 2005

Schneider, Friederike: Grundrissatlas
Wohnungsbau, Basel/Boston/Berlin 1999

Vetter, Andreas K.: Moderne Giebelhäuser,
München 2006

Wicky, Gaston; Selden, Brigitte: Neues Wohnen in der Schweiz, München 2003

HOAI-Kommentare, etwa von Pott/Dahlhoff/
Kniffka/Rath + weitere

BILDNACHWEISE

BILDER
VORWORT/SACHTEIL

S. 6: **Simone Rosenberg,**
München

S. 11: **Christiane Schleifenbaum,**
Cottbus

S. 15, 21, 27: **Robert Brembeck,**
München

S. 17: **Margherita Spiluttini,**
Wien

S. 19, 23, 24: **Christoph Stieger,**
München

S. 31: **Sommer+Spahn, Erich Spahn,**
Amberg

S. 32, 35: **Petra Steiner,**
Berlin

BILDER
PROJEKTTEIL

↘ *01* **Einfamilienhaus in Weichering**
S. 39 – 43: Robert Brembeck, München

↘ *03* **Einfamilienhaus in Puchheim**
S. 49 – 52: Robert Brembeck, München

↘ *04* **Einfamilienhaus in Lörrach**
S. 55, 57: Thomas Dix, Grenzach-Wyhlen

↘ *05* **Einfamilienhaus in Aitrach**
S. 59, 60: Retzlaff Rainer Photografie,
Waltenhofen

↘ *06* **Einfamilienhaus in Gelsenkirchen**
S. 63, 65: Gernot Maul, Münster

↘ *07* **Einfamilienhaus in Neumarkt**
S. 67, 69: sommer+spahn Erich Spahn,
Amberg

↘ *08* **Einfamilienhaus in Schondorf**
S. 71 – 74: Robert Brembeck, München

↘ *09* **Einfamilienhaus in Gstadt**
S. 77, 78: Andreas J. Focke, München

↘ *10* **Einfamilienhaus in Nordhessen**
S. 81, 82: Constantin Meyer, Köln

↘ *11* **Einfamilienhaus in Potsdam**
S. 85 – 87: Friedemann Steinhausen, Potsdam

↘ *12* **Einfamilienhaus in Grünwald**
S. 88 – 91: Cristoph Stieger, München

↘ *13* **Einfamilienhaus in Wandlitz**
S. 93, 95: Christin Gahl, Berlin

↘ *14* **Einfamilienhaus am Staffelsee**
S. 97 – 99: Lothar Reichel, München

↘ *15* **Einfamilienhaus in Zweibrücken**
S. 101 – 103: Petra Steiner, Berlin

↘ *16* **Mehrfamilienhaus in München**
S. 105, 106: Michael Heinrich, München

↘ *17* **Einfamilienhaus in Augsburg**
S. 109, 111: Stefan Müller-Naumann,
München

↘ *18* **Einfamilienhaus in München**
S. 113 – 115: Simone Rosenberg, München

↘ *19* **Einfamilienhaus in Finnentrop**
S. 117, 118: Christoph Kraneburg, Köln

↘ *20* **Zweifamilienhaus in Rott am Inn**
S. 121 – 124: Robert Brembeck, München

↘ *22* **Einfamilienhaus** in Pfatter-Geisling
S. 130, 131: Ole Ott, Etterzhausen

↘ *23* **Einfamilienhaus in Martinszell**
S. 133, 134: Franz-G. Schröck, Kempten

↘ *24* **Einfamilienhaus in Teublitz**
S. 137 – 139: Herbert Stolz, Regensburg

↘ *25* **Einfamilienhaus in Gauting**
S. 140 – 144: Robert Brembeck, München